EINFACH KOSTBAR
ESSGESCHICHTEN UND REZEPTE VON SAALE UND UNSTRUT

KULINARISCHE REISEN IN SACHSEN-ANHALT

ALFRED GEORG FREI
TIMO GROSS
CHRISTIAN SIEGEL

EINFACH KOSTBAR

ESSGESCHICHTEN UND REZEPTE
VON SAALE UND UNSTRUT

HERAUSGEGEBEN VON
CHRISTIAN ANTZ

FOTOGRAFIEN
TIMO GROSS UND JANOS STEKOVICS

VERLAG JANOS STEKOVICS
DÖSSEL

KULINARISCHE REISEN IN SACHSEN-ANHALT
BAND 1

Mit Beiträgen von
Jaqueline Buchta, Birger Dammann, Anja Eisfelder-Mylius, Matthias Fischer,
Johannes Hanf, Katja Hantschick, Kirsten Lorenz, Juliane Maywald,
Stephan Mühl, Claudia Parschau, Diana Redner, Sarah Schoberth,
Katharina Taubert, Martin Walter und Andrea Wittstock

Inhalt

Vorwort	13
Ein historisches Kochbuch erfinden	15
Zur Geschichte von Küche und Kochbüchern	18
Kochbücher und Region, Esskultur und Landschaft	24
Ein Kochbuch für das Weingebiet Saale-Unstrut	27
Naumburg träumt vom Handel und Zeitz gräbt nach Kohle	40
Uta wird Soldatenbraut	51
Vom Kirschbaum zur Rebe	53
Am Anfang war die Feier	57
Wintersonnenwende	60
Gosecker Rinderbraten mit Erbsbrei	64
Tintenfass und Traubensaft	68
Die Kogge im Trockendock	73
Wie der Hering nach Naumburg kam	74
Naumburger Hering an mittelalterlichem Gemüsebett	76
Die Naumburger Kirschfestsage	80
Wahrheit oder Legende	82
Naumburger Kirschpfanne	84
Stadtbürger und Bierbrauer	86
Die Entstehung des unterirdischen Zeitz	89
Zeitzer Biersuppe	92
In Kultur genommenes Land an Saale und Unstrut	96
Der Geschmack der Neuen Welt	100
Pfortenser Weinkürbis	104
Der kulinarische Simplicissimus in Freyburg	106
Neuenburger Frühlingssuppe	112
Kolumbus, Kurfürst und Klöße	114

Burgenländer Weinklöße mit gefüllten Wachteln und Champignons	116
Das Weißenfelser Fischerstechen	122
Fänger unter weißen Felsen	128
Weißenfelser Hecht in Bierteig	130
Ein kulinarisches Fragment	134
Des Propheten Leibspeise	137
Zarathustras Ziegenkäse mit getrockneten Datteln	140
Champagnertradition in Freyburg	144
Lamm Rubin	146
Der bitter-süße Nachgeschmack	148
Schokoladenglück verzaubert Zeitz	150
Kalter Zeitzer Grubenhunt	152
Die Geburt der Tragödie	154
Schmackhafte Heimat	159
Wie die Butter in den Naumburger Christstollen kam	161
Nietzsches Naumburger Schinkenstollen	162
Global Player schlägt tiefe Wurzeln	172
Klingers Weinschokolade	174
Küsse, Küche, Kitsch und Krempel	176
Das Leben der Hedwig Courths-Mahler	180
Courths-Mahlers Rosenbowle	182
Nebraer Pflaumenmus	186
Pflaumenmus	188
Pflaumenmustaschen von der Unstrut	188
Hitlers Heil aus brauner Masse	190
Das besondere Käsebrot	193
Dinkelbrot	194
Veredelungsprogramm zur Erhöhung des Kulturniveaus	196
Der Profener Rumtopf	198

„Wenn Sie meine Weinstöcke sähen. Gendarmen! Und tragen! Und überhaupt: hier wird man Mensch."
(Max Klinger)

„Eine Freude hatte ich: meinen Wein in Naumburg. Das waren Stöcke, waren Trauben, eine Freude über die andre. Bloß so die bißchen Treppe lang gehen und die blauen Gehänge ansehn und über die schöne Landschaft fühlen, das war schon ein Genuß."
(Max Klinger an Alexander Hummel)

Vorwort

Sachsen-Anhalt ist nur scheinbar ein Mauerblümchen für Besucher aus nah und fern. Überzeugt haben gerade in den letzten zehn Jahren seine einmaligen Kultur- und Naturschätze selbst, die immer mehr neugierige Menschen in das Land zwischen Altmark und Saale-Unstrut, zwischen Harz und Anhalt geführt haben.

Ob Straße der Romanik oder Gartenträume, Blaues Band oder Himmelswege: Sachsen-Anhalt quillt über vor unglaublichen Angeboten, wie sie deutschland- und europaweit einmalig sind. Deshalb wurde auch die im Jahr 2001 begonnene besondere Reiseführerreihe durch Sachsen-Anhalt ein voller Erfolg: „Ein Buch ist sehr gut und mit Abstand das beste: Kulturreisen in Sachsen-Anhalt" – so hat es ein Leser formuliert. Mittlerweile liegen sechs spannende Bände vor und neue sind für Leser und Besucher in Vorbereitung.

Deshalb ist es nur verständlich, wenn nunmehr auch die kulinarischen Schätze des Landes gehoben werden. Die Reihe „Kulinarische Reisen in Sachsen-Anhalt" wird sie bekannt machen mit den Maränen aus dem Arendsee oder dem Harzer Käse, mit dem Gardeleger Bier oder dem Rotkäppchen Sekt, mit historischen Gaststätten oder den regionalen Landprodukten Sachsen-Anhalts. Mit dem „Einfach kostbar" geht es auf eine Reise in die Weinregion Saale-Unstrut. Eine beharrliche Gruppe der Hochschule Merseburg hat im wahrsten Sinne gastroso-

Seite 6: Schloss Burgscheidungen

linke Seite: Herbstmorgen am Fährhaus im Blütengrund bei Naumburg

Die Geschichte der Region ist stark an ihre Wasserwege gebunden. Die Zisterziensermönche des Klosters Pforta waren nicht nur Weinbauern und Kellermeister, sondern auch als gute Wasserbaufachleute bekannt.

Die Unstrut entspringt im Eichsfeld, durchquert ein Stück des Thüringer Beckens und tritt zwischen den Höhenzügen der Hohen Schrecke und des Ziegelrodaer Plateaus in die Weite eines fruchtbaren Tales. Etwa beim Ort Memleben verengt sich dieses Tal. Zwischen dem Plateau im Norden und dem Höhenzug der Finne im Süden hat der Fluss ein landschaftlich überaus reizvolles Durchbruchstal geschaffen. Die Unstrut tritt hier in den wohl abwechslungsreichsten Teil ihres Verlaufs, bis sie bei Naumburg in die Saale mündet.

gastrosofische Grabungen durchgeführt und einige interessante kulinarische Geschichten der Region zu Tage befördert.

Die Weinregion Saale-Unstrut bietet denn auch neben dem Naumburger Dom mit frühgotischen Skulpturen von Uta und Ekkehard, der Arche Nebra, dem Erlebniszentrum der Himmelsscheibe oder der Neuenburg der Landgrafen von Thüringen, neben den natürlichen Flusslandschaften von Saale und Unstrut mit entsprechenden Wasser-, Rad- und Wanderangeboten vielfältige Bereicherungen rund ums Essen und Trinken. Im Zentrum steht natürlich der Wein des nördlichsten Qualitätsanbaugebietes Europas.

Tauchen Sie also ein in diese Fülle der sinnlichen und historischen Genüsse, lesen Sie und besuchen Sie die Weinregion Saale-Unstrut. Nur in der praktischen Anwendung entfalten die kulinarischen Angebote ihre eigentliche Wirkung – davon wusste schon der Sachsen-Anhaltiner Martin Luther zu berichten.

Harri Reiche
Landrat des Burgenlandkreises und
Vorsitzender des Saale-Unstrut-Tourismus e. V.

Dr. Christian Antz
Herausgeber

Ein historisches Kochbuch erfinden

Unsere Mütter und Väter lehrten uns zu essen, und wir lernten mit der Zeit, über unsere Erfahrungen am Tisch zu urteilen. Wir bezeichneten als gut, was uns schmeckte, und wir dachten zugleich auch an das, was gerade nicht auf der Tafel Platz gefunden hatte. Unbewusst entwickelten wir schon früh die Liebe zu den Dingen, die uns die elterliche Küche bot und deren „Muttersprache" wir mochten – Dinge, die kostbar waren. Die Heimat, so dachten wir, geht durch den Magen.

Doch in Sachsen-Anhalt gibt es keine regionale Küche. Das gab uns Karin Scherf, Journalistin beim *Mitteldeutschen Rundfunk (MDR)*, am Anfang unserer Arbeit mit auf den Weg. Diese Aussage trifft, wenn wir sie genau betrachten, allerdings auch auf Thüringen, Bayern, Sachsen, Baden, auf alle Regionen zu. Die anderen Regionen haben bloß ein paar Jahre oder Jahrzehnte früher eine regionale Küche erfunden. Für den Süden Sachsen-Anhalts, die Weinbauregion Saale-Unstrut, holen wir dies nun nach. Oder besser gesagt: Wir fangen damit an. Andere Ansätze, wie das *Zeitzer Kochbuch*, haben uns dabei beflügelt.

Unsere Arbeitsgruppe bestand aus 16 angehenden Kultur- und Medienpädagogen, die sich unter der Leitung eines Kunstwissenschaftlers und eines Kulturhistorikers daran machten, ein Kochbuch für die Gegend an Saale und Unstrut zu erfinden. Was die Menschen in der Vergangenheit aßen oder sich zu essen erträumten, wollen wir durch historische Analysen begreifen. Dies ist in dieses Kochbuch eingeflossen. Die Ergebnisse haben wir mithilfe der erworbenen gestalterischen Fähigkeiten unseres Studiengangs aufbereitet und daraus gemeinsam mit dem Verlag dieses Buch hergestellt. Als kultureller Motor unseres Arbeitsprojekts erwies sich die Kreisverwaltung des Burgenlandkreises.

(Alfred Georg Frei, Timo Groß, Christian Siegel)

Zur Geschichte von Küche und Kochbüchern

Es ist nicht einfach, etwas über die tägliche Kost der großen Masse in der Vergangenheit zu erfahren. Die Bauern, früher zumeist Analphabeten, hinterließen keine Archive. Dennoch müssen wir heute von früher Geschriebenem auf die damalige Küche schließen. Die schriftlichen Überlieferungen aus Topf und Pfanne geben vorwiegend Aufschluss über die Essgewohnheiten des Adels oder des Bürgertums. Während in den großen Häusern üppig getafelt wurde, bestimmte die Angst vor Hunger das Alltagsleben der ärmeren Menschen.

In Rezeptsammlungen geschilderte Freuden der Tafel lassen uns heute das Spannungsfeld zwischen Überfluss und Mangel fühlbar werden. Eines haben Arme und Reiche im Laufe der Geschichte jedoch gemeinsam und das ist ein möglicher Grund für das Entstehen von Rezeptsammlungen: das Verlangen, satt zu werden, möglichst aus guter Küche, mit reichhaltigen Vorräten und dem Geschmack des Unbekannten und Fremden.

Das Mahl im Bauernhaus war oft ein Ausdruck von Armut und Zeitmangel. Es hatte nichts mit dem gemein, was wir heute unter regionaler Küche verstehen. Die Mahlzeit wurde zum Spiegelbild des gesamten Lebensstils und blieb eine Momentaufnahme mit vorläufigem Charakter. Einhundert Zutaten könnte man heute einhundert raue Wirklichkeiten gegenüberstellen. Für die Oberschichten aber stellten Kochbücher bald eine Möglichkeit dar, ihre kulinarische Praxis repräsentativ zu dokumentieren.

Dabei zeigten die Manuskripte und gedruckten Kochbücher, wie die Salzburger Volkskundlerin Ulrike Kammerhuber-Aggermann herausgefunden hat, keinerlei Gebrauchsspuren. In

Die Konservierungsmethoden des Mittelalters waren: Trocknen, Räuchern und Einsalzen. Während Obst getrocknet und Meeresfisch eingesalzen wurde, räucherte man Süßwasserfisch, fettes Fleisch und Wurst. Fisch und Fleisch wurden auch mit Essig und Wein gebeizt.

ihrem Aufsatz über *Fiktionen in Kochbüchern der Vergangenheit und Gegenwart* schreibt sie, Kochbücher „sind Fiktion dessen, was gekocht und gegessen wurde, dessen, was allgemein über den Umgang mit Nahrungsmitteln, über Kulinarik und Gastronomie bekannt war". Sie fährt fort: Diese Bücher „stellen Verzeichnisse der Träume und Sehnsüchte unterschiedlicher Gesellschaftsschichten und Zeiten dar".

Bereits in römischen Texten zur Landwirtschaft des 2. Jahrhunderts vor Christus stieß man auf Kochrezepte. Das *Deipnosophistae* (Das Gelehrtenbankett) des Athenaeus und das klassische Kochbuch des Apicius, die Sammlung *De re coquinaria* (Von der Kochkunst) zeugten schon früh von einer Tradition, systematisch gesammeltes Wissen neu zu ordnen. Dann trat in Europa eine lange literarische Pause ein, von Küche lange Zeit keine Rede mehr. Nur die Mönche retteten den Geschmack. Mönch Ekkehard IV. von St. Gallen (ca. 980–ca. 1057) war nicht nur Vorlage für Joseph Victor Scheffels *Ekkehard*-Roman. Er schrieb 1060 einen Lobpreis des Essens, die *Benedictiones ad Mensas*, und zählte darin beispielsweise 21 Fischgerichte auf. Biber und Otter waren auch darunter, anders hätten die Mönche die langen Fastenzeiten nicht durchgehalten ...

Zwischen 1345 und 1354 arbeiteten sieben Schreiber an der ältesten deutschsprachigen Kochbuchhandschrift, dem *Buch von guter Speise*, welches im *Hausbuch* des bischöflich-würz-

Ein Festmahl spiegelte die sozialen Verhältnisse der Speisenden wider. Tafelzeremonien waren eine wichtige Kommunikationsform der herrschenden Klasse. Öffentliche Speisen dienten nicht nur dem leiblichen Wohl: Am Tisch gestaltete man praktisch Politik. Öffneten sich die Türen im Hofstaat, gewährte man dem Volk die Sicht auf speisende Herrscher. (Mittelalterliches Schauessen auf Königspfalz Tilleda, 2007)

Die damals benutzten Tischgeräte können heute konkrete Zeugnisse mit kulturellem und religiösem Hintergrund sein. Auf den Tafeln der einfachen Leute waren diese aus Holz und Ton.

burgischen Protonotars Michael de Leone eingetragen war. Das erste gedruckte Kochbuch in deutscher Sprache erschien im Jahre 1485 in Nürnberg und umfasste 64 Seiten. Peter Wagners *Küchenmeisterei* erlebte Nachdrucke mit geringen Textänderungen bis ins Jahr 1674. Die Kochbücher veränderten sich allmählich unter dem Einfluss des Buchdrucks. Prunkvoll angelegte Exemplare lösten die anfänglich kleinen Kochbücher ab und die Anzahl der Rezeptsammlungen stieg kontinuierlich.

Die Durchsetzung der bürgerlichen Gesellschaft ab 1800 brachte einschneidende Veränderungen in allen Bereichen des täglichen Lebens. Es vollzog sich ein tief greifender Wandel in der Esskultur und in den Tafelsitten. Während man früher in ganz Europa tafelte, ohne vorher in eine Karte zu schauen, wollte sich der Gast nun keinen Überraschungen mehr aussetzen, wenn er den heimischen Herd verließ. Die persönliche und bewusste Auswahl der Speisen wurde der Bevormundung durch ein festes Menü vorgezogen.

Sofern es die finanzielle Lage erlaubte, ging man nun aus Spaß und Lust am Essen in ein Restaurant – und nicht nur als Hungriger oder Reisender. Für die Fülle der zubereiteten Speisen, die dem Gast bekannt gemacht werden sollte, reichten die an der Wand beschriebenen Tafeln alter Gasthöfe nicht mehr aus. Die Speisekarte wurde zur Notwendigkeit. Die Visitenkarten der Speisewirtschaft verbreiteten sich schnell, und die Gäste wussten die neue Orientierungshilfe zu schätzen, da die Tafel auf den ersten Blick, im Gegensatz zur üppigen Tafelfolge und zum Tafelschmuck barocker Vorzeiten, noch nicht allzu viel versprach. So bemerkte Eugen von Vaerst in seiner 1851 erschienenen *Lehre von den Freuden der Tafel,* dass man sich lieber nicht zu Tische setze, wo sich ein liederlich hingekritzelter, falsch geschriebener Zettel befinde.

> „Bei Tisch streitet und räsoniert man gern, und so vieles Wahres ist bei Tisch gefunden worden.."
> (Novalis: Fragmente)

Im 19. Jahrhundert dienten die Kochbücher auch dazu, die Frauen in ihrer Rolle als treu sorgende Mütter und natürlich gute Köchinnen in der entstehenden Kleinfamilie festzuschreiben. Den Großmüttern folgten die Mütter und den Müttern die Töchter.

Neuerdings können wir jedoch andere Trends feststellen. Die nach dem Zweiten Weltkrieg in den 1960er Jahren einsetzende Reiselust der West- und Ostdeutschen führte zu einem Interesse an internationaler Küche. Mobilitätserfordernisse machten die regionale Küche interessant, darauf werden wir noch näher eingehen.

Die Mobilitätserfordernisse waren jedoch auch sozialer Natur, die Klassenzugehörigkeit löste sich subjektiv auf. Kennerschaft im Kochen wurde zum feinen Unterschied, der es erleichterte, weltläufig und gebildet, mit einem Wort: sozial privilegiert zu erscheinen. Was kann das besser anzeigen – oder vorspiegeln –, als eine große Sammlung üppiger Kochbücher?

Diese Kochbücher haben verschiedene Themen, sind spezialisiert in ihren Fragen nach Zubereitungsart (nouvelle cuisine etc.) und üppig ausgestattet. Die Historikerin Trude Ehlert fasst dies als „Diversifikation, Spezialisierung und steigendes Ausstattungsniveau" zusammen, wobei sie der perfekten Lebensmittelfotografie besondere Bedeutung zumisst.

In den letzten Jahren haben diese Trends zugenommen und durch Kochsendungen auf allen Fernsehkanälen eine neue Qualität erreicht. Allerdings drängt sich eine Beobachtung auf: Je mehr vorgefertigte Mikrowellen-Gerichte es gibt, je weniger zu Hause gekocht wird, desto mehr Kochbücher erscheinen auf

Schloss Zeitz

dem Markt und desto häufiger kochen die Fernsehköche für uns. Den Hunger aber müssen die Fertigpizza oder die Kartoffelchips stillen. Wie Landärzte, Förster, Nonnen und Pfarrer sind Fernsehköche vielleicht Vertreter eines aussterbenden Berufes, kostbar wie ein Käse-Baiser.

Auch ein neuer gesellschaftlicher Trend wird deutlich. Nachdem im 20. Jahrhundert in den entwickelten Ländern die Gefahr von Hungersnöten endgültig verschwunden ist, wird Essen zum „neuen Klassenmampf", wie die *tageszeitung (taz)* am 13. Januar 2006 titelte. Die Küche sei, folgt man Doris Simhofer in der Zeitschrift *Psychologie Heute* vom Dezember 2005, gar eine „Arena des Klassenkampfs". Unter Fettleibigkeit leiden wesentlich häufiger die sozial und bildungsmäßig Unterprivilegierten, während die Privilegierten sich fit (= passend) für den Beruf und die Partnerschaft halten.

Neben heimischen Gartenfrüchten verfeinerten früher Weintrauben, Feigen, Datteln, Mandeln oder Limonen die Tafeln der Reichen.

Es gibt Gegentrends. Diese knüpfen an der technischen Erleichterung des Kochens durch Geräte an. Einzelne Hobbyköche erkennen den freien Gestaltungsraum, den einem die eigene Kochpraxis bietet. Sie wollen damit Zuneigung für den Freundeskreis und in der Partnerschaft ausdrücken: „Kochende Leidenschaft" nennt der französische Soziologe Jean Claude Kaufmann diese Haltung. Die Einladung ins Restaurant zum noch so teuren Essen verblasst demgegenüber.

Und: Kochen hat etwas mit Genuss zu tun, denn die Genussfähigkeit geht allgemein in Pseudogenüssen auf. Wir loben das Restaurantessen schon, wenn es gerade aufgetragen wird. Und das bezieht sich nicht allein auf das Essen. Schon die Beobachtungen von Walter Lippmann in seinem Bericht *Public Opinion* (1922) stellen dar, dass die Menschen zwar zu immer mehr Wissen gelangen, jedoch wird der Mensch selbst immer erfahrungsloser. Das Wissen und die „Bilder in unseren Köpfen" entstehen seltener durch eigene Erfahrung, sondern überwiegend durch Medien. Er nannte das „konstruierte Wirklichkeit". Somit ist auch ein Kochbuch ein Stück dieser konstruierten Welt. Und so lesen wir Kochbücher auch eher als Quasi-Reiseberichte, man denke nur an Wolfram Siebecks wunderbare Schilderungen.

Und es ist eine Form, sich auf die Region einzulassen. Allerdings findet dieses Einlassen widersprüchlich statt. Ähnlich dem Katalog eines Reiseveranstalters, der einen schnellen Überblick über die von ihm angebotenen Herbergen gibt, entwickelt sich das Kochbuch in einem Meer der praktischen Ratgeber, wenn es erst einmal durchgeblättert wurde, zur Anleitung zum Untätigsein. Man verliert den Überblick, lässt sich vor der Flut der bunten Bilder und guten Ratschläge in die nächste Sitzgelegenheit zurückfallen und überlässt den praktischen Teil anderen.

(Alfred Georg Frei, Timo Groß, Christian Siegel)

Kochbücher und Region, Esskultur und Landschaft

Terrassenweinbau bei Freyburg unter der Neuenburg

„Den Speiseplan des gemeinen Mannes diktierte die Natur seiner Umgebung, nicht ein regionales Kochbuch." So schreibt der Mittelalter-Historiker Ernst Schubert. Deshalb gilt es, die Natur der Umgebung in den Blick zu nehmen, wenn es um die Definition regionaler Küche geht.

Wann gelangten nun aber regionale Kochbücher zur Verbreitung? Erst seit den dreißiger Jahren des 19. Jahrhunderts. Als sich die deutsche Einheit langsam abzeichnete, besannen sich die Menschen auf die Besonderheiten ihrer Region. Die Leser und Nutzer sollten sich bewusst mit ihrer Region identifizieren. Die einsetzende industrielle Revolution hatte schon dazu beigetragen, regionale Unterschiede einzuebnen. Auch hier waren Kochbuchautoren als Identitätskonstrukteure gefragt.

Außerdem war ein Großteil der Bevölkerung bis ins 20. Jahrhundert auf Nahrungsmittel aus der unmittelbaren Umgebung angewiesen. Auch unterschiedliche Herdformen bedingten die unterschiedliche Art der Gerichte. In Norddeutschland war das offene Feuer länger verbreitet, somit überwogen Eintopfgerichte. Kuchen und Gebäck waren dort nicht so üblich, außer den Waffeln, die in einem feuertauglichen Waffeleisen brieten. In manchen Gegenden Süddeutschlands hatte

sich der Ofen bereits früher durchgesetzt. Das Ofenkochen förderte nun eine Vielzahl von Auflauf- und Teiggerichten.

Füllte denn regionaltypische Kost die Bücherseiten „regionaler" Kochbücher des 19. Jahrhunderts? Hanna Dose kommt in ihrer Untersuchung für das Begleitbuch des Deutschen Kochbuchmuseums Dortmund zu einem gänzlich anderen Ergebnis: Regionale Kochbücher des 19. Jahrhunderts entsprechen „in Umfang, Inhalt und Aufbau ... ganz und gar den gängigen Kochbüchern jener Zeit und weisen keinerlei Besonderheiten auf".

Die zweite Welle regionaler Kochbücher schwappte am Ende des 20. Jahrhunderts über die Büchertische. In Zeiten der Normierung des Geschmacks und der allgemeinen Technologisierung der Kücheneinrichtungen soll „einem nach Abwechslung heischenden Publikum ein wenig 'heile Welt' und 'Altvertrautes' vorgegaukelt werden", wie Hanna Dose schreibt. Je mehr die Alten in Heime abgeschoben werden, desto wirkmächtiger wird die symbolische Großmutter – eine Werbeträgerin für einen beträchtlichen Teil der „regionalen" Kochbücher.

(Alfred Georg Frei, Timo Groß, Christian Siegel)

Klosterkirche Zscheiplitz

Ein Kochbuch für das Weingebiet Saale-Unstrut

Wir wollen mit Respekt vor den historischen Erfahrungen der Großeltern und früherer Generationen nun ein kleines Kochbuch als kulinarischen Reiseführer durch den Burgenlandkreis und seine Geschichte vorlegen. Sachsen-Anhalt weist neben Baden-Württemberg die meisten archäologischen Bodenfunde auf. Für den Landesarchäologen Harald Meller ist Sachsen-Anhalt das „Silicon Valley der Steinzeit". Er verweist auf spektakuläre Funde im Saale-Unstrut-Gebiet, etwa die 4000 Jahre alte Himmelsscheibe von Nebra oder das 7000 Jahre alte Sonnenobservatorium von Goseck, das uns auch in diesem Buch beschäftigen soll.

Die Strahlkraft hielt an. Naumburg, Kreisstadt des Burgenlandkreises, glänzte im Mittelalter und in der frühen Neuzeit. Adel, Kirche und Bürger bestimmten diese Zeit. Um die erste Jahrtausendwende herum war die Thüringer Mark mit unseren heutigen Worten deutsch-slawisches Grenzgebiet. Die Söhne des Markgrafen Ekkehard ließen 1010 eine neue Burg, *Naumburg*, an der Stelle bauen, an der sich zwei große Handelsstraßen berührten: von Westen, von Frankfurt am Main her, kam der Königsweg, vom Süden, aus Nürnberg, kam die Frankenstraße. Diese *Naumburg* lag inmitten slawischer Siedlungen wie Grochlitz, Nißmitz, Neidschütz. Der Adel verband sich auch mit den slawischen Adelsfamilien. So heiratete ein Sohn Ekkehards 1003 Reglindis, die Tochter des Herzogs Boleslav von Polen. Dieser selbst nahm in fünfter Ehe Ekkehards Tochter Oda zur Frau.

Linke Seite: Türme des Domes St. Peter und Paul

Sonnenobservatorium in Goseck

Freyburg konnte wirtschaftlich nicht mit dem älteren Naumburg konkurrieren. Zwar hatte Ludwig der Springer dem Ort mit dem Flussübergang über die Unstrut eine erhebliche Bedeutung beigemessen und eine starke Befestigung gebaut, doch büßte die Neuenburg ihre wichtige strategische Rolle wieder ein. Im Gegensatz zur Bischofsstadt Naumburg nahm Freyburg eine bescheidene städtische Entwicklung.

Die Kirche war für die christliche Religion der Franken, später auch der Sachsen und Thüringer zuständig. Gemeinsam mit den Sachsen hatte sie ihre Bischofssitze weit in slawisches Gebiet gelegt. Zu weit: Beim Wiederaufflammen der Kämpfe war der Bischofssitz in Zeitz besonders umstritten. Die Söhne Ekkehards schenkten 1028 ihre Naumburg der Kirche und diese machte sie zur bischöflichen Residenz – an Stelle des östlicheren Zeitz. Zuvor hatten die Brüder noch vom Kaiser das *forum regale* erworben: das Recht, in Naumburg einen Markt zu errichten.

Dies war der Ausgangspunkt bürgerlicher Entwicklung. Die Kirche sollte aber über Jahrhunderte die überlegene kulturelle Kraft bleiben. Sie war Erbin der römischen und kaiserlichen Kultur, die sich beispielsweise in den frühen Kirchen zeigte. Diese waren romanisch und nahmen viele Elemente der römischen Bauweise auf.

Neben der Naumburg prägte eine andere stark befestigte Anlage am Ende des 11. Jahrhunderts das Bild der Region. Ludwig der Springer (1042–1123) ließ die Neuenburg hoch über der Unstrut errichten. Diese Burg sollte den östlichen Zugang zum Reich der Ludowinger schützen und Blicke über das untere Flusstal gewähren.

Flussaufwärts behielt man den Überblick bis ins nordwestliche Zscheiplitz. An diesem Ort, so die Sage, ertönte eines Tages im Forst des Pfalzgrafen Friedrich III. von Sachsen (1065 bis 1085) das Jagdhorn, ohne dass dieser die Erlaubnis zur Jagd gegeben hatte. Der Sage nach ritt Friedrich, der gerade ein Bad nehmen wollte, ohne Waffen und leicht bekleidet in den Zscheiplitzer Wald, um den Eindringling zu stellen. Da wurde er durch den Jagdspieß Ludwigs getötet. Diese List hatten sich seine Frau, die Pfalzgräfin Adelheid, und der verliebte Ludwig der Springer ausgedacht.

Indem jener die Witwe des ermordeten Pfalzgrafen heiratete, erweiterte Ludwig der Springer seine Machtbefugnisse in der Region. Doch plagte das verliebte Paar das Gewissen. Adelheid soll als Sühneleistung auf dem verwaisten Zscheiplitzer Besitz des ermordeten Pfalzgrafen ein Benediktinerkloster gegründet haben. Aus der Legendenübermittlung der thüringischen Chroniken des späten Mittelalters geht der genaue Gründungstermin des Kloster Zscheiplitz jedoch nicht hervor. Möglich ist, dass dieses Kloster in der gleichen Zeit gegründet wurde, als sich Zisterzienser des Klosters Pforta um eine weitere kulturelle Kraft der Kirche verdient machen sollten.

Diese zeigte sich auch im Weinbau, den vermutlich Mönche vor 1000 ins Saale-Unstrut-Gebiet gebracht hatten. Wein war Bestandteil des römischen Erbes, das die Mönche durch die Völkerwanderung und das frühe Mittelalter retteten. Die Kir-

Die deutschen Könige verlagerten ihren Machtschwerpunkt in das Harzvorland und nach Nordthüringen. So entstanden günstige Voraussetzungen für den Bau von Klöstern im Saale-Unstrut-Gebiet, wie dem Kloster Zscheiplitz. Im 14. Jahrhundert kam es aber immer stärker zum Verfall der Ordenszucht. Durch die „Genusssucht" und „Gleichgültigkeit gegenüber göttlichen Dingen" war der Niedergang der Klöster nicht mehr aufzuhalten.

links: Die Neuenburg mit dem Dicken Wilhelm

unten: Im Schlosspark Burgscheidungen

Die Saale entspringt im Fichtelgebirge in Oberfranken und mündet nach 413 Kilometern bei Barby in die Elbe. Mitte des 13. Jahrhunderts wurde die Saaleflößerei das erste Mal urkundlich erwähnt.

che machte ihn einfach zum Bestandteil der Eucharistie. Deshalb wurde er überall benötigt und geistliche Einrichtungen, Klöster und Domstifte hatten immer religiösen Wein-Durst. Die Zisterzienser, eine Reformbewegung der Benediktiner, ließen sich 1137 in der Nähe von Naumburg an der Nordseite der Saalehänge nieder und entwickelten um Kloster Pforta die „agricultura", die Pflege des Landes, in der Mitte Deutschlands weiter. Die landhungrigen Mönche, die ihre Gebiete oft durch Schenkungen oder Tausch von Landstücken ausbauten, arbeiteten nicht nur aus wirtschaftlichem Nutzen, sondern sahen ihren fest von Handarbeit geprägten Tagesablauf auch als Maßnahme gegen den Müßiggang. Sie legten Sümpfe im Saaletal trocken, bauten das Wehr in Bad Kösen, zweigten sich die Kleine Saale als künstlichen Wasserlauf ab und brachten den Weinbau an der Saale zu großer Blüte.

Der erste namentlich bekannte Weinberg der Saale-Unstrut-Region, der Köppelberg bei Bad Kösen, fand 1153 in Urkunden des Klosters Sankt Marien zur Pforte das erste Mal

Die kalkreichen Freyburger Schweigenberge sind eine der vier Großlagen im Weinbaugebiet an Saale und Unstrut.

Erwähnung und ist noch heute berebt. Dieses Kloster wurde zu einem der Reichsten im mitteldeutschen Raum. Da der Wein spätestens seit dem Mittelalter zur begehrten Handelsware avancierte, spielte das Getränk eine enorme wirtschaftliche Rolle in manchen Gemeinden.

Durch starke Urbanisierung und das Wachstum der Städte kam es auch zu einer Ausdehnung des Handels. Das Getränk wurde nicht nur für den Eigenbedarf, sondern auch für den Markt und den Fernhandel angebaut. Es gab zahlreiche Bestrebungen, die Weingrenze immer weiter nach Norden und Osten zu verschieben, um Weine am Verbrauchsort anzubauen und auf teure Importe verzichten zu können.

Die Bescheidenheit der geistlichen und weltlichen Fürsten hörte beim Anblick einer reichhaltig gedeckten Tafel auf. Die langen Listen der Köstlichkeiten bei Krönungen, Hochzeiten und anderen Festen verrieten oft viel über die Vorliebe für üppige Speisen. Chronisten schilderten lukullische Ereignisse und Tafelfreuden ausführlich. Das älteste überlieferte Exemplar einer Küchennachricht stammt aus dem Jahr 1303.

Berichtet wird von einem Bankett zur Einweihung der Pfarrkirche zu Weißenfels durch Bischof Bruno von Zeitz. Die Gaumen der Gäste wurden u. a. mit Gelbem Schweinefleisch in Safran, Eierkuchen mit Honig und Weinbeeren, gebratenem Huhn mit Zwetschgen, gesottenem Aal mit Pfeffer und Schweinskeulen mit Gurken verwöhnt.

(Alfred Georg Frei, Timo Groß, Christian Siegel)

Schloss Weißenfels

„Die Mönche sind dem Namen nach arm, in ihrer Lebensweise aber Könige, wie man deutlich an ihren roten Backen und ihren dicken und fetten Körpern ansehen kann."
(Paul Lange, Mönch und Bibliothekar auf Kloster Posa im 16. Jahrhundert)

Durch die Ostpforte kommt man in den Park von Schulpforta und gelangt auf dem Weg entlang der kleinen Saale zum Fürstenhaus.

Die Unstrut bei Burgscheidungen

Laucha an der Unstrut

Im Lauchaer Glockenmuseum

Naumburg träumt vom Handel und Zeitz gräbt nach Kohle

Rathausportal

Die Naumburger Bürger betätigten sich indessen als Händler und Handwerker. Die eigene Bürgerkirche zeigte, dass sie selbstbewusst dem Bischof gegenübertraten. Diese war dem von Slawen besonders verehrten heiligen Wenzel geweiht. Bereits 1305 beurkundeten die stolzen Bürger gemeinsam mit dem Bischof eine Abgabenordnung. In der Mitte des 14. Jahrhunderts beschäftigten sie schon eine quasi kommunale Verwaltung.

Diese Bürger rekrutierten sich allerdings aus einer schmalen Schicht von reichen Kaufleuten, oft familiär verbunden mit niedrigen Adligen: Das waren die Patrizier. Die Handwerker sannen auf Beteiligung an der Stadtregierung. Zunächst konnten sich die Fleischhauer und Bäcker als Zunft organisieren. Die Zünfte waren hierarchisch organisierte Berufsgenossenschaften, deren Mitglieder gemeinsame wirtschaftliche, politische, soziale und religiöse Interessen hatten. Im Jahr 1329 kam es zu einem Aufstand, den der Bischof schlichtete. Nach Beratung

Die Via Regia und die Frankenstraße führten durch Naumburg. Das Wohl und die Existenz vieler Händler, Bauern und Bürger war eng mit den Handelstraßen verbunden.

mit der ganzen Bürgerschaft legte er die Zusammensetzung des städtischen Rates fest, der jährlich zu wählen war: Sechs Patrizier sollten sechs Nicht-Patriziern entgegenstehen.

Einig war sich die ganze Stadt jedoch in der Abwehr adliger Angriffe. Mitte des 14. Jahrhunderts kam es zu ernsthaften Auseinandersetzungen mit Edelleuten der Umgebung, insbesondere mit dem Ritter Kurtefrund, Kastellan der Rudelsburg, oder mit Hans von Mücheln – auf die Naumburger werden sie wohl wie Raubritter gewirkt haben.

In dieser Weise ritterlich wirkten nicht nur die Adligen der Umgebung. Der Naumburger Bischof Johann I. von Miltitz sorgte sich wenig um sein Bistum und führte ein ausschweifendes Leben. Er schwärmte und schlemmte, so behauptet es zumindest die Sage. Als er am Johannistag im Jahre 1350, seinem Namenstag, auf Schloss Saaleck ein prächtiges Bankett veranstaltete, wollte er nach der Tafel den Ball eröffnen. Zwei Damen im Arm, erhob er seinen rechten Fuß, fiel zu Boden und war tot.

Die Strafe für sein sündhaftes Leben? Wenigstens konnte er noch die kostbaren Leckerbissen probieren, die er eigens aus Leipzig und Braunschweig hatte kommen lassen. Dem Genießer im Dienste des Herrn dürfte die Zeit für prächtige Gelage über diesen Abend hinaus geblieben sein. Nicht im Jenseits, denn sein eigentliches Sterbedatum wird, im Gegensatz zur Sage, mit dem 27. Dezember 1352 angegeben.

Das Portal des Kayserschen Hauses am Markt

Das mittelalterliche Marientor ist Symbol für die wehrhafte Stadt. Die Doppeltoranlage mit Barbakane und Innenhof wurde in ihren Ursprüngen bereits im 14. Jahrhundert angelegt.

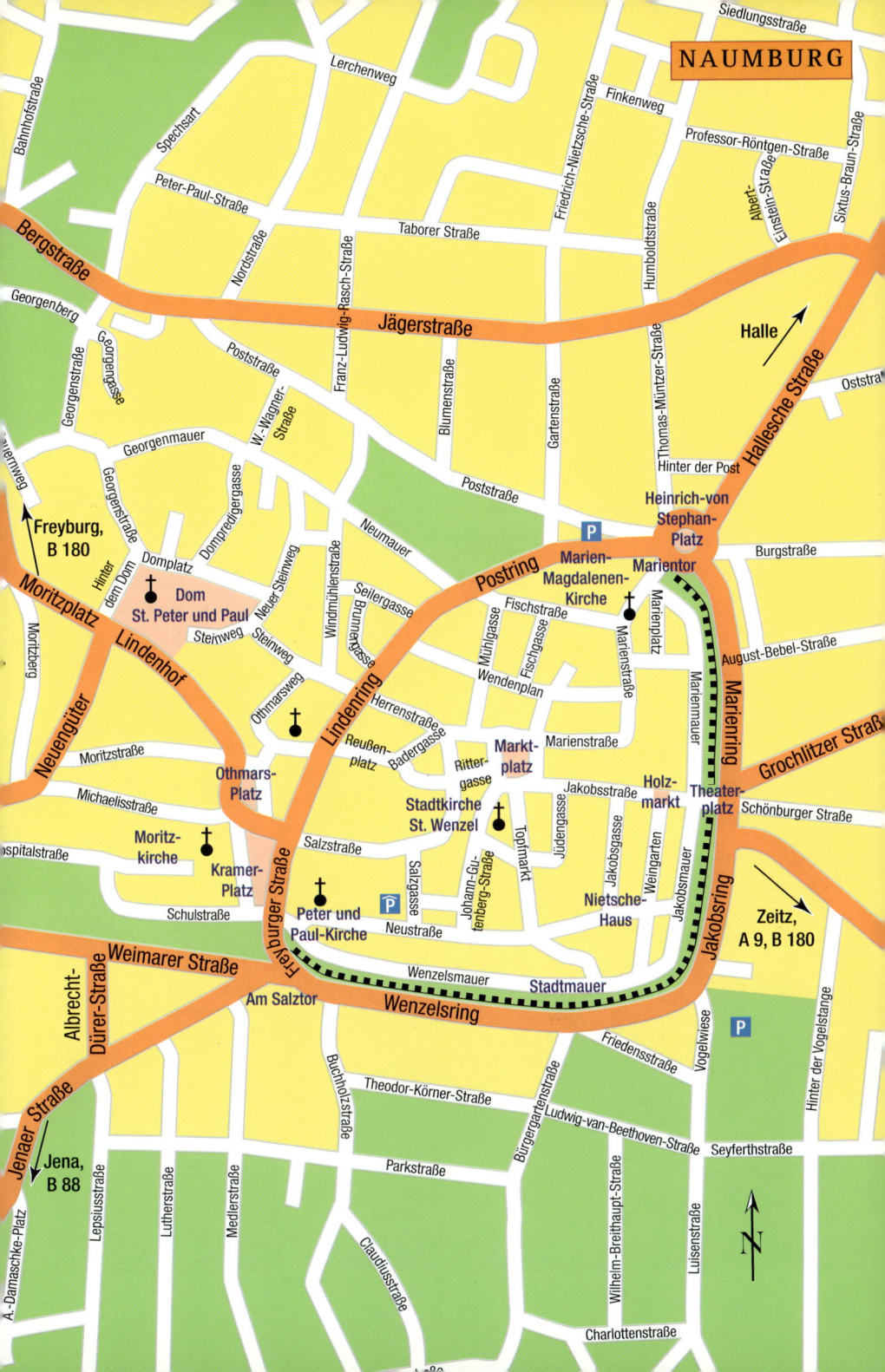

Das Simson-Portal am Haus Marienstraße 12a

Das Rathaus an der Westseite des Marktes wurde 1528/29 vom Baumeister Hans Witzleube errichtet.

Ein Säulenkapitell am Naumburger Rathaus zeigt in einem Relief zwei Hunde, die sich um einen Knochen streiten. Naumburger Lokalhistoriker sahen in den beiden Tieren die Domfreiheit und die Bürgerstadt. Allerdings begannen sich die Bürger in der zweiten Hälfte des 14. Jahrhunderts mit ihren durch Handel und Handwerkerfleiß gefüllten Portemonnaies gegen die immer klammen Bischöfe durchzusetzen: Sie kauften das Zollrecht, insbesondere den Salzzoll, das Polizeiwesen, die Gerichtsbarkeit und andere wichtigen Privilegien.

Die Peter-und-Pauls-Messe und die Sexagesimä-Messe lockten Händler aus allen deutschen Landen und dem Ausland nach Naumburg. Dort gab es Tuche aus Holland und aus Schweden, Samt, Seide und Brokat aus Italien, Zobelpelze, Wolle und Leder aus Polen und Russland, um nur einige der umgeschlagenen Güter zu nennen. Neben heimischen Handwerksprodukten handelten die Naumburger vom Mittelalter bis ins 17. Jahrhundert mit Färberwaid. Aus in der Naumburger Region angebauten Pflanzen entstand ein blauer Farbstoff, der später vom Indigo verdrängt wurde.

Es war aber ein anderes Lebensmittel, das Naumburgs Ruf in der ganzen Region verbreitete: das Bier. Schon im 15. Jahrhundert sah Herzog Wilhelm III., Landgraf von Thüringen die Wirtschaft seines Landes und seine Einnahmen durch den Naumburger Bierexport bedroht. Sein Kammermeister berechnete ihm seinen Schaden auf 100 000 Goldgulden, eine unvorstellbar hohe Summe. Der Naumburger Rat willigte ein, eine Einfuhrsteuer von insgesamt 700 Gulden zu bezahlen.

Blick zum Oberlandesgericht, im Vordergrund die Othmarskirche in Naumburg

1432 trat die Stadt dem Städtezusammenschluss der Hanse bei, musste aber bereits 1433 auf Druck des Bischofs, der Herzöge von Sachsen und des Landgrafen von Thüringen wieder austreten.

Seit dem 15. Jahrhundert begann sich die Machtdynamik vom Bürgertum weg und hin zu den fürstlichen Territorialherren zu verschieben. Die Wirren der Reformationszeit und des Schmalkaldischen Krieges führten im Ergebnis zum Erstarken der adligen Macht.

Als eine seiner letzten Verlautbarungen erließ der katholische Bischof Julius von Pflug am 28. Januar 1549 eine *Kleider-, Hochzeits- und Luxusordnung,* in der er vor übertriebener „Gasterei" und Schmauserei warnte, vor überschwänglicher Zehrung, vor Schlemmen und Prassen. Diese Ermahnungen waren sozial abgestuft: Am härtesten traf es die untere Schicht, die Handwerksgesellen, Knechte und Mägde.

Dies wird nicht für die Landesherrschaften gegolten haben, die nach der Säkularisierung zu den größten Weinlandbesitzern gehörten. Die sächsischen Kurfürsten liebten ihre „Weingebirge" um Freyburg. Christian I. von Sachsen (1560–1591) förderte mit dem Erlass der ersten *Churfürstlich Sächsischen Weinbergs-Ordnung* am 13. April 1588 den Weinbau an der Unstrut. Aus Sorge um den schlechten Zustand vieler herrschaftlicher Rebflächen wurde die Verordnung wohl schon unter August I. (1526–1586) ausgearbeitet. Die besten Reblagen blieben im Besitz der Kurfürsten, andere wurden gegen Erbpacht verkauft.

Der Herzogliche Weinberg in Freyburg wurde im 18. Jahrhundert ausgebaut. Der barocke Weingarten ist heute ein kleinteilig terrassierter Schauweinberg, auf dem seltene Rebsorten zu finden sind.

Am Ende des 16. Jahrhunderts zwang der sächsische Kurfürst den Naumburgern eine Bier- und Weinsteuer auf. Nicht nur im strukturellen Wettlauf mit der territorialstaatlichen Gewalt zogen die Naumburger Bürger wie alle Stadtbürger in dieser Zeit den Kürzeren, sie unterlagen auch den Leipziger Bürgern im Wettlauf um die erste Handelsstadt Sachsens. 1497 und 1507 verlieh der gleichfalls finanziell klamme Kaiser Maximilian I. den reichen Leipziger Bürgern das Stapel- und Niederlagsrecht. Das war ein ganz umfassendes Marktrecht mit einer Ausschlussklausel für die Region, zu der auch Naumburg gehörte. 1667 versagte die kaiserliche Verwaltung dann den Naumburgern das Privileg des zweiten großen Marktes an Sexagesimä.

War das Kirschfest der Versuch, den Leipzigern zu kontern und ihnen eine kulturell und religiös verbrämte Messe entgegenzusetzen? Das Kirschfest feierten seit 1526 Naumburger Schüler mit ihren Lehrern. Ende des 17. Jahrhunderts kam dann die Kirschfestsage auf, die jedoch jeder Grundlage entbehrt: Weder belagerten die Hussiten 1432 Naumburg, um die Ermordung des böhmischen Kirchenreformers Jan Hus auf dem Konstanzer Konzil 1415 zu rächen, noch wurden Schülerinnen von ihrem grimmigen Heerführer Prokop mit Kirschen beschenkt. Zwar widerspricht der Stadtrat 1594 dem Versuch der Lehrer, das Kirschfest abzuschaffen, mit dem Argument, dieses Fest

Aufblühende große Märkte zogen Fernhändler an. Diese Märkte standen unter dem Schutz der Könige und Feudalherren. Die reisenden Marktleute versuchten die festen Handelsplätze unbehelligt von Räubern und Wegelagerern zu erreichen.

mache nicht nur der Jugend Freude, sondern brächte auch „Fremde nach Naumburg". Die zeitliche Platzierung im Jahr widerspricht jedoch unserer Vorannahme, dass Naumburger Handelsinteressen mit dem Kirschfest verbunden waren.

Die Naumburger hatten in den folgenden Jahrhunderten unter den Folgen schrecklicher Kriege zu leiden. Von knapp 9000 Einwohnern Anfang des 17. Jahrhunderts löschte der Dreißigjährige Krieg die Hälfte aus, im 18. Jahrhundert erschütterte Naumburg der Siebenjährige Krieg.

In Sachsen, das stark unter diesem Krieg gelitten hatte, war die Kartoffel nach den Hungersnöten um 1771 nicht mehr von den Feldern wegzudenken – nicht die einzige Neuerung in der sächsischen Landwirtschaft. Die als die ältesten landwirtschaftlichen Vereine geltende *Thüringische Landwirtschaftsgesellschaft* (gegründet 1762) und die *Leipziger Societät patriotischer Ökonomen* (gegründet 1764) zeugten vom Umgestaltungswillen reformbereiter Landwirte.

Während des 18. Jahrhunderts wurden an vielen deutschen Universitäten kameralistische Lehrstühle eingerichtet, quasi Vorgänger der Verwaltungswissenschaften und der Volkswirtschaftslehre. Diese frühen Volkswirte hatten neue Ideen, die weite Kreise zogen und Johann Christian Schubart (1734–1787) zum „Edlen von Kleefeld" machten. Der in Zeitz geborene Sohn eines Webers und Tuchhändlers setzte bei seinen Reformver-

Hauszeichen und Bauschmuck in der Marienstraße

Das Simson-Portal am Haus Marienstraße 12a (Detail)

suchen als Autodiktat und praktizierender Landwirt auf Stallfütterung und die Einführung der Düngerwirtschaft. Er nutzte die bisher in der Dreifelderwirtschaft übliche Brache und baute auf seinem Gut in Würchwitz ab 1771 Klee, Luzerne, Esparsette, Erbsen, Hackfrüchte sowie Raps, Tabak und die Färbepflanze Krapp an.

Seine Erfolge gaben ihm Recht. Als „Edler von Kleefeld" wurde Johann Christian Schubart durch Joseph II. von Österreich im Jahr 1784 in den Adelsstand erhoben. Die Einwohner von Würchwitz feiern noch heute zu Ehren des Agrarreformers jedes Jahr im Juni das Kleefest.

Das 19. Jahrhundert hatte für die Region jedoch unter schlechten Vorzeichen begonnen. Naumburg litt unter schweren Zahlungen für die siegreiche napoleonische Armee sowie unter der Last einer Lazarettstadt. Nach der Schlacht bei Jena und Auerstedt hatten die vorbeiziehenden französischen Regimenter die vorrätigen Lebensmittel auch in Pforte völlig aufgezehrt. Beim Rückzug der Franzosen und ihrem Übergang über die Unstrut im Jahr 1813 wurde die Winzerstadt Freyburg stark in Mitleidenschaft gezogen: Die Weinstöcke wurden von den Kriegern abgelesen und später verbrannt. Häuser wurden ruiniert, Obstbäume geschlagen und alle verfügbaren Lebensmittel aufgebracht. Als die letzten Weinpfähle in den Wachtfeuern verglommen, war dies auch das Ende der napoleonischen Herrschaft in diesem Gebiet.

Als Naumburg nach dem Wiener Kongress 1815 Preußen zugeschlagen wurde, versuchte die preußische Regierung, durch die Genehmigung zweier Märkte die Tradition der Handelsstadt wieder zu beleben. Doch ohne Erfolg: Naumburg wandelte sich zu einer Stadt der Gerichte, der Garnisonen und der Beamten.

Im Südosten des heutigen Burgenlandkreises, in der Gegend um Zeitz, begannen hingegen die Unternehmen nach dem Energieträger des 20. Jahrhunderts zu graben: nach Kohle, die hier braun war. Richard Herrmann, der Leiter der Zuckerfabrik in Zeitz, suchte nach einer Möglichkeit, seinen Betrieb mit ausreichend Brennstoff zu versorgen. Er ließ im Jahre 1866 den Schacht *Neue Sorge* abteufen und baute 1880/81 eine Kohleverladung an der Eisenbahn. Die Expansion des Abbaus im Zeitz-Weißenfelser-Braunkohlerevier lockte viele Arbeitskräfte in die Region. Auch Bauern waren aufgrund des absinkenden Grundwasserspiegels gezwungen, ihr Land zu verkaufen und neue Arbeit in den Gruben anzunehmen. Während die Industrialisierung Wohlstand schuf, war das arbeitsreiche, harte Dasein vieler Bergarbeiter von geringen Löhnen, mangelnder Hygiene und engen Wohnverhältnissen geprägt. Es schlug die Stunde der Arbeiterbewegung in den deutschen Bergbaurevieren.

Die Familie des Philosophen Friedrich Nietzsche, der 1844 als Pfarrerssohn in Röcken auf die Welt gekommen war, ließ sich zur gleichen Zeit in Naumburg nieder. 1879, die Familie war schon länger nach Naumburg umgezogen, pachtete Nietzsche selbst hier einen Gemüsegarten. Er war voll der Träume von Obstbäumen, Rosen, Lilien, Nelken, Erdbeeren, Stachelbeeren, Johannisbeeren ...

„Im Frühjahr geht meine Arbeit an, auf 10 Gemüsebeeten", schrieb er. Das Frühjahr kam, und Nietzsche gab seinen Garten sofort wieder auf: Er sei, so schrieb er, „für die Gärtner-Thätigkeit viel zu schwach". Das Bücken sei für seinen „Kopf sehr unzweckmäßig". In einem Wort: „in der nächsten Nähe gesehen ergab sich die Gemüsebauerei als eine Unmöglichkeit, leider, leider!"

(Alfred Georg Frei, Timo Groß, Christian Siegel)

Erker am Haus Jakobsstraße 26 – Alte Post

Schloss Zeitz

Uta wird Soldatenbraut

In der ersten Hälfte des 20. Jahrhunderts überzogen die Deutschen ganz Europa mit Kriegen und mit Verfolgung in einer welthistorisch vorher unbekannten Dimension. Die wehrlose steinerne Uta im Dom von Naumburg, die Arbeit eines unbekannten Meisters im 13. Jahrhundert – viele hielten ihn für einen Franzosen –, musste sich zur Soldatenbraut dieses Terrorregimes machen lassen. Als Gegenbild zu Arbeiten des Geraers Otto Dix, des Berliners Werner Scholz und anderer großer Künstler zeigten die Nationalsozialisten Utas Konterfei. Sie wollten damit „die Entehrung der deutschen Frau" anzeigen, bevor sie selbst Millionen russischer, jüdischer, polnischer, aber auch deutscher Frauen, Männer und Kinder ermordeten.

Nicht nur Uta wurde zur Soldatenbraut gemacht. Die Nationalsozialisten hatten sich auch auf einen idyllischen Landstrich bei Bad Kösen und dort auf Burg Saaleck und die Rudelsburg gestürzt, die sie zu nationalen Weihestätten machen wollten. Einige Ewiggestrige besteigen die Burgen noch heute jedes Jahr an Pfingsten. Gerade die Geschehnisse um die Burg Saaleck machen schon in den 1920er und 1930er Jahren deutlich, wie absurd und widersprüchlich die völkische Pseudo-Politik war.

Ursula Martin hat dies in literarischer Form gefasst: Der Leipziger Jurist Hans Wilhelm Stein (1875–1944) hat im Jahr 1912 die beiden Rundtürme der Burg Saaleck gepachtet. Seine gut bezahlte Arbeit als Syndikus eines Wirtschaftsverbandes verlor er wegen Unterschlagungen kurze Zeit später. Er konnte sich nur durch freiwillige Meldung zum Ersten Weltkrieg aus der Haft retten. Nach dem Ersten Weltkrieg erklärte er sich zum nationalen Schriftsteller.

Die Legende um das Gelage des Naumburger Bischofs Johann I. von Miltitz im Jahre 1350 auf Burg Saaleck brachte er in Versform. Den Mördern an Außenminister Walter Rathenau (1867–1922) gewährte er Unterschlupf auf der Burg Saaleck, wo sie beide in einem Polizeieinsatz ihr Leben verloren. Trotz dieser angeblichen Heldentat Steins konnte er sich weder mit seinem literarischen Schaffen noch in der nationalsozialistischen Bewegung durchsetzen. Er kolportierte Gerüchte über eine homosexuelle Beziehung zwischen Adolf Hitler (1889–1945) und seinem Jugendführer Baldur von Schirach (1907–1974). Die Geheime Staatspolizei (Gestapo) zog ihn daraufhin aus dem Verkehr. Er wurde zu einer Gefängnisstrafe verurteilt und starb am 29. Oktober 1944 wieder in Freiheit.

Gegenüber der nationalsozialistischen Katastrophe ist die folgende Sonderentwicklung in der DDR ein fast harmloses Zwischenspiel, wenngleich deren Regierung noch vier Jahr-

Westchor im Naumburger Dom, links im Vordergrund die Stifterfiguren Ekkehard II. und Uta. (Darstellung aus dem 19. Jahrhundert)

zehnte politischer Unfreiheit mit der rücksichtslosen Verfolgung von Andersdenkenden an die politische Katastrophe des Nationalsozialismus anschloss. Erfreulicherweise drang die DDR-Herrschaft baulich nur gering in die historische Gestalt Naumburgs ein.

Nach der politischen Wende 1989 knüpfte hier der demokratische Burgenlandkreis an. Er schuf die Voraussetzungen dafür, dass sich die Ernährungsproduktion als größter Wirtschaftszweig nicht nur im Landkreis selbst, sondern im ganzen südlichen Bundesland Sachsen-Anhalt etablieren konnte – mit dem kulinarischen Zugpferd der Saale-Unstrut-Weine.

(Alfred Georg Frei, Timo Groß, Christian Siegel)

Naumburger Dom
(Darstellung aus dem
19. Jahrhundert)

Vom Kirschbaum zur Rebe
Wir erfinden das Kochbuch

Wir lassen unseren kulinarischen Reiseführer in der Vorgeschichte vor 7000 Jahren beginnen: bei den Gelagen am Sonnenobservatorium in Goseck im östlichen Landkreis, vermutlich dem ältesten weltweit. Später geht es um den Naumburger Bischof und wie er den Bäckern der Stadt den ältesten Stollen Deutschlands genehmigte, als Christstollen ausgebacken. Wir verfeinern dieses Gericht mit dem Lachsschinken von Friedrich Nietzsche aus Naumburg, den er über alles liebte.

In die große Zeit der Naumburger und Weißenfelser Bürger stoßen wir mit Hecht und Hering vor. Einige Jahrhunderte nach der Entdeckung Amerikas servierte man im heutigen Burgenlandkreis, so nehmen wir an, Wachteln mit Knödeln aus Kartoffeln. Dazu gab es Wein, der auch in der Sauce oder zum Überbacken der kleinen Feldhühner seine Verwendung fand.

Das Naumburger Kirschfest brachte den Naumburger Kirschpfannkuchen hervor, auch wenn Anfang des 15. Jahrhunderts der „schreckliche Prokop" mit seinen Mannen nicht wirklich vor Naumburg gezogen war. Die Geschichte, die man über diesen Nicht-Vorfall erzählt, ist zwar falsch, aber schön: „Ein mutiger Naumburger Lehrer zog mit seinen weiß gewandeten jungen Schülerinnen ins Lager der Hussiten und erweichte Prokop und seine Leute, so dass sie von diesen mit Kirschen beschenkt wurden." Wir schildern, warum die Naumburger sich trotzdem den Kirschpfannkuchen schmecken lassen.

Außerdem gibt es Käse: den Ziegenkäse Zarathustra, den uns der Ziegenhof Schleckweda ganz frisch zukommen lässt. Dazu vielleicht einen trockenen Sekt? Allerdings lässt sich der Rotkäppchen-Sekt aus der größten Sektkellerei Deutschlands im Burgenlandkreis durchaus auch zur Frühlingssuppe verwenden – oder in seiner rubinroten Ausfertigung als Sauce zu Lammfilet.

Aus dem Unstruttal, aus Nebra, stammt auch Hedwig Courths-Mahler, die vom armen Dienstmädchen zur meistgelesenen Autorin Deutschlands wurde. Von ihr stammt das Pflaumenmus, aus dem Steffen Plaschka von der Leunaer Berufsakademie mit seinen Auszubildenden hervorragende Pflaumenmustaschen zauberte.

Das Bier – als städtisches Getränk – präsentieren wir vor dem Hintergrund der Zeitzer Geschichte: eine nahrhafte Biersuppe entsteht daraus, in früheren Jahrhunderten eine übliche Form, das Bier zu verarbeiten.

Auf Nahrhaftes waren auch die Bergarbeiter im Zeitzer Bergbaugebiet angewiesen. Akzisefreien Trinkbranntwein er-

53

hielten sie als Privileg für ihre harte Arbeit. Die Bergarbeiterfrauen machten daraus den Zeitzer Rumtopf mit ihren im Bergmannsgarten angebauten Beeren und Früchten. Auch Schokolade wurde in Zeitz produziert zu Kaltem Hund verarbeitet – im Zeitzer Bergbau natürlich *Kaltem Grubenhunt* ...

(Alfred Georg Frei, Timo Groß, Christian Siegel)

Literatur

Agthe, Kai: Das Spektakel zum Mirakel. Ein Lesebuch zum Naumburger Hussiten-Kirchfest. Weimar 2005.

Ehlert, Trude: Zum Funktionswandel der Gattung Kochbuch in Deutschland. In: Wierlacher, Alois/Gerhard Neumann/Hans J. Teuteberg: Kulturthema Essen. Ansichten und Problemfelder. Berlin 1993, S. 319–341.

Foster, Norman: Schlemmen hinter Klostermauern. Die unbekannten Quellen europäischer Kochkunst. Frechen o. J. (Orig. Hamburg 2000).

Frei, Alfred Georg: Pfefferkuchen, Marzipan, Christstollen. Ess- und Trinkkulturen. Beziehungen zur Nahrung. In: Faulstich, Werner (Hg.): Beziehungskulturen. München 2007, S. 184–193.

Gedrich, Kurt; Oltersdorf, Ulrich: Ernährung und Raum: Regionale und ethnische Ernährungsweisen in Deutschland. Karlsruhe 2002.

Historisches Zeitzer Kochbuch e. V. (Hg.): Historisches Zeitzer Kochbuch. Zeitz 1998.

Jahns, Horst; Scherf, Karin: Ost-Brötchen und Troddeldatschen. Geschichten mit Gerichten aus dem Osten Deutschlands. Halle 2002.

Jankofsky, Jürgen: Weißenfelser Ansichten. o. O. o. J. (Weißenfels 1993).

Kammerhofer-Aggermann, Ulrike: Imaginäre Modelle der Vergangenheit. Gesellschaftliche und kulinarische Fiktionen in Kochbüchern der Vergangenheit und Gegenwart. In: Kolmer, Lothar/Christian Rohr (Hg.): Mahl und Repräsentation. Der Kult ums Essen. Paderborn 2000, S. 227–244.

Kaufmann, Jean Claude: Kochende Leidenschaft. Soziologie vom Kochen und Essen. Konstanz 2006.

Lippmann, Walter: Die öffentliche Meinung. München 1964 (Orig. 1922).

Martin, Ursula: Der Hochstapler Hans Wilhelm Stein, Kriminalerzählungen, Dößel 2005.

Rippmann, Dorothee: Gesellschaft und Ernährung um 1000. Vevey 2000.

Ruge-Schatz, Angelika: Von der Rezeptsammlung zum Kochbuch – einige sozialhistorische Überlegungen über Autoren und Benutzer. In: Bitsch, Irmgard/Trude Ehlert/Xenia von Ertzdorff: Essen und Trinken in Mittelalter und Neuzeit. Sigmaringen 1987.

Schubert, Ernst: Essen im Mittelalter. Darmstadt 2006 (zit. S. 298).

Steffen, W.; Duchek, E.: Auf den Spuren der Bergarbeiter im Zeitz-Weißenfelser Revier damals und heute. Zeitz 2003.

Tenfelde, Klaus: Eine kleine Geschichte der Bergarbeit. In: Borsdorf, Ullrich/Ute Eskildsen (Hg.): Untertage – Übertage. Bergarbeiterleben heute. München 1985.

Ullrich, Wolfgang: Uta von Naumburg. Eine deutsche Ikone. Berlin 2005 (1. Aufl. 1998; zit. S. 53).

Vaerst, Eugen von: Gastrosophie oder Lehre von den Freuden der Tafel. Nachdruck, München 1975.

Wassermann, Kurt; Hege, Fritz: Naumburg. Stadt und Dom. Dresden 1952.

Weinbergterrassen in Freyburg

Burg Saaleck. Die erstmalige Erwähnung der Burg Saaleck stammte aus dem Jahre 1140. Nach der Reformation begann der Verfall der Burg. Die herrenlose Burg diente den Bauern der Umgebung später als Steinbruch. Den Mördern des Politikers Walter Rathenau erschien die Burg, vom „nationalen Schriftsteller" Stein gepachtet, als geeigneter Zufluchtsort.

Das Gelage auf Saaleck 1350

Das war Naumburgs Bischof, der erste Johann,
Der sagt' ein Gelage auf Saaleck an.
Zweihundert lud er als Gäste.
Sie kamen zu Wagen, sie zogen zu Roß,
Mit ihnen Diener, der Dirnen Troß
Zweihundert erschienen zum Feste.

Getafelt ward bei Trompetenschall.
Froh brach sich im Tale der Widerhall,
Es bogen im Tanz sich die Leiber.
E wurde gebechert, es wurde geschmaust,
Den Dirnen wurden die Röcke zerzaust,
und hellauf kreischten die Weiber.

Der Bischof erhob sich, schwer vom Wein:
„Heut' will ich nur Ritter, nur Edelmann sein,
Vom Dom stört uns heute kein Wächter.
Ein Hoch dir, Burg Saaleck, verschwiegenes Nest,
ein Hoch meinen Gästen, ein Hoch dem Fest!"
Und der Chor fällt ein mit Gelächter.

„Ich führ' euch zum Tanze, ich, Bischof Johann.
Ihr Spielleute, blast, ich schreite voran,
Mag der Teufel Saaleck einst erben.
Du Blonde, du Braune, heran zu mir,
Dich links, dich rechts zum Tanz ich führ',
Will tanzend auf Saaleck einst sterben!"

Zum Tanze hob er das rechte Bein.
Da faucht es durch den Kamin herein
Mit Rauch und blutroten Flammen.
Sein Auge wird starr, und sein Antlitz bleich.
„Herr Bischof, Herr Bischof, was ist mit Euch?"
Doch der stürzt jäh zusammen.

Zerstoben der Schwarm. Von der Diener Schar
Ward der Bischof gelegt auf die Totenbahr'.
Jetzt durften sie unsanft ihn packen.
Den Naumburger Domherren graust es im Blick:
„Fahrt ihn nur auf seine Burg Saaleck zurück."
Das Antlitz stand ihm im Nacken.

(Hans Wilhelm Stein)

Am Anfang war die Feier

Beginn einer kulinarischen Geschichte im Neolithikum der Saaleauen

Unter Eichen und Buchen errichteten die Menschen in der Jungsteinzeit ihre ersten Siedlungen auf Lössböden. Löss war leicht zu bearbeiten und die Pflanzen wuchsen gut darauf. Um 5500 v. Chr. rodeten sie die Wälder in Wassernähe. Es entstanden Felder und Gehöfte, wo die Menschen das ganze Jahr bleiben konnten: Sie wurden sesshaft, denn die Nahrung reichte aus. Die ehemaligen Jäger und Sammler begannen mit dem Anbau von Nutzpflanzen und der Züchtung von Haustieren ihr Dasein als Ackerbauern und Viehzüchter. Der Erfolg schien ihnen Recht zu geben. Nur wenige Jahrhunderte später verbreitete sich der Ackerbau auch in weniger fruchtbaren Regionen – vorher waren die Menschen zwei Millionen Jahre lang auf Nahrungssuche durch die Wälder gezogen.

Begonnen hatte die Erfindung der Landwirtschaft zwischen 9000 und 8000 v. Chr. im Vorderen Orient, es brauchte aber noch 2500 Jahre, bis sich der Wandel des Lebens, über den Balkan vordringend, in Mitteleuropa vollzogen hatte. Die mit Steinäxten in die Wälder getriebenen Lichtungen waren Keimzellen differenzierter Gesellschaftsformen und Geburtsorte unserer Dörfer und Städte. Die Siedler veränderten die sie umgebende natürliche Landschaft und bewirkten tief greifende Veränderungen in der kulturellen und sozialen Entwicklung der Menschheit.

Die frühen Bauern wählten Getreidesorten aus und bereicherten ihre Nahrung durch ölhaltigen Lein und Mohn sowie durch die eiweißreichen Hülsenfrüchte Erbse, Linse und Bohne. Die hatten sie schon als Nomaden gesammelt. Die Wildpflan-

Die Kreisgrabenanlage wurde 1991 durch Luftbilder entdeckt. Bei Ausgrabungen stieß man auf sehr viele Funde der stichbandkeramischen Kultur, aber auch auf Fundstücke der Linienbandkeramik.

Jäger und Sammler zogen durch ihre Territorien und veränderten die natürliche Landschaft wenig. Die sesshaften Bauern schufen neue Lebensverhältnisse. Das veränderte neue Denken und Handeln der Menschen revolutionierte Umgangsformen und Alltag, Tischsitten und den Umgang mit der Natur.

zen wurden jetzt auf den Feldern angebaut und waren von nun an immer greifbar. Neben Fenchel und Sellerie sammelte man Beeren aus dem Wald, Wildäpfel und Haselnüsse, die an den Rändern der Rodungen wuchsen, um die tägliche Kost zu verfeinern.

Wiesen und große Ställe waren noch nicht vorhanden. Das Vieh weidete in den Wäldern. Für die selbst angebauten Pflanzen in der Siedlung bestand somit kein Risiko, von den eigenen Haustieren aufgefressen zu werden. Die Waldweide gab ausreichend Nahrung. Tagsüber wurden die Tiere gehütet und nachts zum Schutz vor Wildtieren und menschlichen Räubern in Pferche gesperrt. Fleisch- und Rohstofflieferanten für Felle, Häute, Haare, Sehnen, Knochen und Horn waren Ziegen, Schafe, Schweine und vor allem Rinder.

Die Erbauer und Bewohner der Siedlungen saßen in ihren festen Holzhäusern um die brennenden Herdfeuer, webten und töpferten, gaben neue Ideen weiter, suchten nach neuen Handelsverbindungen, ließen neue Religionen entstehen und sprachen neues Recht. Der Geobotaniker Richard Pott sieht hier den Samen für den Siegeszug der Sprachen gelegt. Die nacheinander in gleichen Siedlungen lebenden Generationen setzten alte Traditionen fort und organisierten sich durch eine einheitliche Sprache immer besser. Religiöse Riten, Forscherdrang und künstlerische Betätigung gehörten zum Leben in der Sippe, wie in der folgenden Geschichte zu lesen sein wird.

(Timo Groß)

Literatur

Lüning, Jens (Hg.): Die Bandkeramiker. Erste Steinzeitbauern in Europa. Rahden 2005.

Pott, Richard: Allgemeine Geobotanik, Biogeosysteme und Biodiversität. Heidelberg 2005.

Wintersonnenwende

Am 21. und 22. Dezember im Sonnenobservatorium von Goseck

Die kleine Gruppe der erschöpften, gebückt gehenden und sich gegenseitig stützenden Gestalten war in dicke Felle gehüllt. Die Sonne stand schon tief und umgab die Szenerie mit warmem Licht. Plötzlich hob ein kleiner Junge, der ein wenig abseits lief, den Kopf und sagte leise: „Ich höre die Trommeln."

Das Fest war bereits in vollem Gange, als die Gruppe den Hügel erreichte, der bereits mit Besuchern bevölkert war. Die Nachtluft schwirrte vom Duft der bratenden Rinder und dem Klang der Trommeln, die die Geister der Ahnen fernhalten sollten.

Die Gruppe bahnte sich nun ihren Weg durch die verstreut lagernden Massen. Nur Mutter und Kind trennten sich von der Gruppe und gingen Hand in Hand davon. Auf dem Pfad zum nahen Langhaus erzählte sie ihm, warum er zum ersten Mal die Feier zur Wintersonnenwende im Sonnenobservatorium miterleben durfte.

Am nächsten Morgen sollte der kleine Junge in den Kreis der Erwachsenen aufgenommen werden. Dieses Ritual war schon von Generationen vorher durchgeführt worden und brachte verstreut lebende Sippen wieder ein wenig näher zusammen. Erfahrungen wurden ausgetauscht. Und nicht zuletzt wurde auch die eine oder andere Liebe fürs Leben gesucht und gefunden.

Die Zeremonie wurde jedes Jahr mit einem Rinderbraten gefeiert. Das Kind musste nun eines der hinter dem Haus ange-

Die Kreisgrabenanlage von Goseck ist einer der frühesten archäologischen Belege für systematische Himmelsbeobachtungen. Sie wurde 1991 durch Luftbildprospektion entdeckt und von 2002 bis 2004 ausgegraben. Die Anlage besteht aus einem nahezu kreisförmigen Graben mit rund 71 Metern Durchmesser mit drei nach außen wangenförmig eingefassten Unterbrechungen im Norden, Südosten und Südwesten.

pflockten Tiere auswählen und es kurz berühren. Dann wurde das Rind im Schein der Feuer zerteilt und in mit Häuten ausgekleideten Erdgruben in einer Kräutermarinade diese besondere Nacht lang eingelegt. Die Knochen tausender Rinder sollten bei ihrer Entdeckung in der Neuzeit stumme Zeugen dieser Mahlzeiten sein.

Nach diesen Vorbereitungen und endlich zurück bei der Gruppe, versuchte das Kind zu schlafen, konnte aber ob der Aufregung und des Lärmes kaum Ruhe finden. Menschen sprangen über die kleineren Feuer, um ihre Seele zu reinigen, und überall sangen vereinzelte Gruppen bis tief in die Nacht zu den Trommeln.

Die Stimme des Zeremonienmeisters, der langsam und monoton die Sonne pries, weckte das Kind noch vor Sonnenaufgang. Überall rauchten noch die Feuer und jedermann schaute wie gebannt in Richtung der Kreisgrabenanlage, aus der geheimnisvoll verstärkt die Stimme des Redners schallte.

Da erschien die Mutter. Sie trug feierlich und würdevoll die in Knochenschalen gefüllte Initiationsspeise und gab dem Kind ein Zeichen, ihr zu folgen. Die Trommeln klangen rhythmisch und wiesen ihnen den Weg zum Zentrum der Anlage. Gemeinsam mit hunderten Menschen gingen sie nun langsam durch den Nebel zum Zeremonienort. Sie knieten in der Mitte des Palisadenkreises nieder und blickten in Richtung Südosten, als die Trommeln lauter und schneller wurden. Das Kind fröstelte, als die Sonne genau im Südosttor aufging, doch es fühlte die Feierlichkeit und Würde dieses Moments und schloss die Augen.

(Andrea Wittstock und Martin Walter)

Die archäologischen Funde datieren die Anlage in die Zeit 4800 v. Chr. Erste Interpretationsversuche der Anlage weisen auf eine kultisch-astronomische Funktion hin. So konnten die Archäologen und Astronomen nachweisen, dass die beiden südlichen Tore der Kreisgrabenanlage exakt den Punkt des Sonnenaufgangs beziehungsweise -untergangs zur Wintersonnenwende am Beginn des 5. Jahrtausends v. Chr. markieren.

61

Schloss Goseck

Gosecker Rinderbraten mit Erbsbrei

Rinderbraten

1 kg Rinderkeule (falsches Filet)
3 Teelöffel Salz
5 Teelöffel Senf
2 Teelöffel Majoran
20 g Butter
1 Esslöffel Öl
3 Petersilienwurzeln
3 Möhren
2 Staudensellerie
1 Knoblauchzehe
4 Zwiebeln
Pfeffer
1 l Wasser

Das Fleisch in eine Schale geben und von beiden Seiten gleichmäßig und großzügig mit Senf einreiben. Anschließend in einem großen Topf mit Öl von beiden Seiten gut anbraten. Petersilienwurzeln, Möhren, Sellerie und die Knoblauchzehe in kleine Würfel schneiden und in den Topf geben. Mit Salz und Pfeffer würzen und alles zusammen gut andünsten. Fleisch aus dem Topf nehmen und zur Seite legen.

Die Schale mit den Resten von Senf mit zwei Kellen Rinderbrühe vermischen. Die Mischung in den Topf geben und langsam einkochen lassen. Diesen Vorgang drei- bis viermal wiederholen. Danach das Fleisch zurück in den Topf geben und den Topf samt Inhalt bei 220 °C in den vorgeheizten Backofen geben. Gelegentlich mit Soße begießen. Die Kochzeit beträgt ca. zwei Stunden, abhängig von der Größe des Fleisches.

Die Soße durch ein Sieb abseihen (passieren).

Erbsbrei

400 g trockene, grüne Erbsen
Kräuter nach Jahreszeit

Für den Erbsbrei müssen die Erbsen mindestens zwölf Stunden vor dem Gebrauch verlesen, gewaschen und in reichlich kaltem Wasser eingeweicht werden, damit sie gut aufquellen können. Das Einweichwasser wird dann auf etwa 1 Liter aufgefüllt. Darin werden die Erbsen dann zwei Stunden weichgekocht. Danach werden sie zu einem Brei gerührt und mit Kräutern und Salz abgeschmeckt.

Dank königlicher Schenkungen und Übereignungen von freiem Grund und Boden erweiterten die Klöster ihre wirtschaftliche Macht. Während sich die Mönche in den neuen Klöstern zunächst von Abgaben oder Schenkungen ernährten, etablierten sie sich wirtschaftlich sehr schnell und konnten Märkte beliefern oder sie veranstalteten gleich selbst einen Markt. Große Teile bewirtschafteter und aufgegebener Ländereien gehörten zu Klöstern und Bischofssitzen.

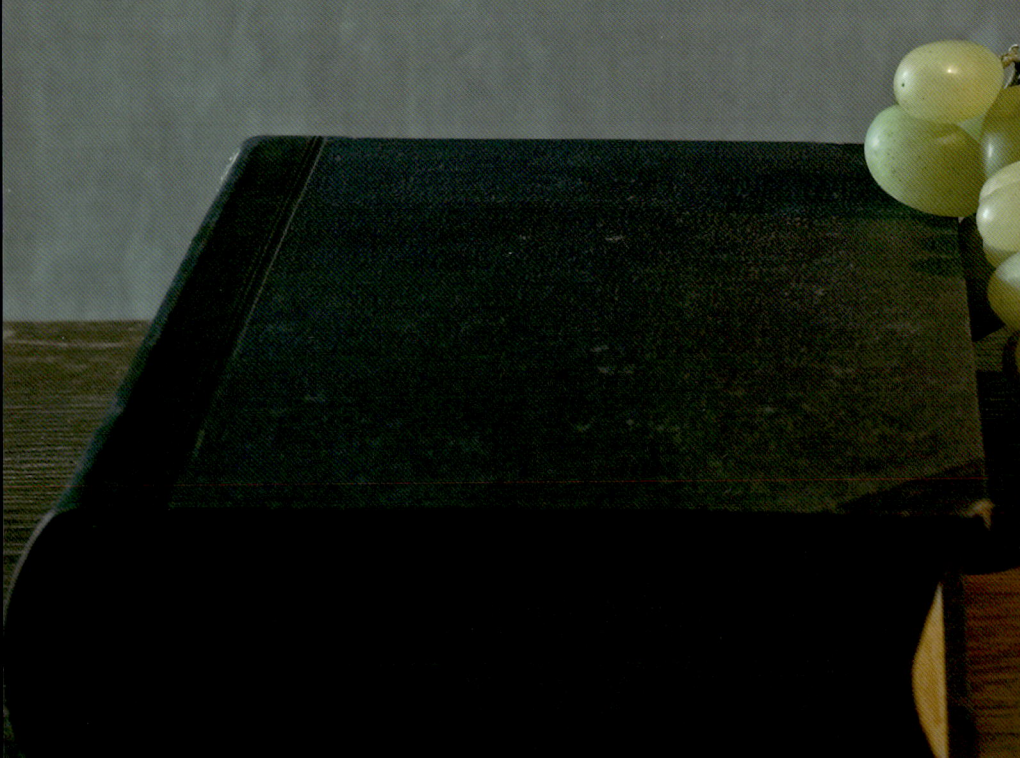

Tintenfass und Traubensaft

Der Start einer vergorenen Geschichte in Memleben

In Memleben: Detail des Mittelschiffs

Klostergarten Memleben. Gewürze sind untrennbar mit der mittelalterlichen Küche verbunden. Die Gewürze waren aber nur für Reiche erschwinglich.

Im Jahre 998 finden wir die erste Erwähnung des Weinbaus in der Region an Saale und Unstrut. Kaiser Otto III. schenkte dem Kloster Memleben am 30. November 998 Orte mit Land und Gut sowie allem beweglichen und unbeweglichen Zubehör. Weinländereien gehörten auch dazu. Noch bevor der Kaiser diese Besitzungen mit einer in Ravenna ausgestellten Urkunde abgab, verlieh er dem Kloster am 2. Januar 994 das Markt-, Münz- und Zollrecht. Er setzte die Stiftertätigkeit seiner Vorfahren für das begünstigte Memleben fort, während sein Nachfolger Heinrich II. das Kloster später weitgehend entrechtete und dem Kloster in Hersfeld unterstellte, obwohl er Memleben am 16. November 1002 sogar noch zum Reichskloster erhob. Der Abstieg des Ortes am Ufer der Unstrut war ab dem Jahre 1015 vorgezeichnet.

Der Anbau der Reben verbreitete sich mit der Gründung neuer Klöster im zehnten Jahrhundert, obwohl er sich schon seit dem 8. Jahrhundert im thüringischen Gebiet entwickelt hat. Die Benediktiner ließen den Wein in der Nähe ihrer Klostermauern besonders gut gedeihen, bevor sich die Zisterziensermönche um den Weinbau an Saale und Unstrut durch ihren

Tatendrang verdient machen sollten. Die Krise des benediktinischen Ordenswesens begünstigte die Gründung von Klöstern mit anderen Ordensregeln. Die Zisterzienser ließen sich im 12. Jahrhundert mit Unterstützung des Naumburger Bischofs Udo I. in der Nähe der Slawensiedlung *Cusne* nieder. Durch den Anbau und die Züchtung widerstandsfähiger Rebsorten konnten sie ihre Erträge erheblich steigern. Die sorgsame Arbeit der Mönche an ihren Rebkulturen prägte die Landschaft im Wind- und Regenschatten der Thüringer Mittelgebirge und des Harzes nachhaltig.

Neben seiner zentralen Bedeutung für das Abendmahl wurde der angebaute Wein für die Krankenpflege eingesetzt und löschte den Durst – Wein war Grundnahrungsmittel. Der starke Konsum vergorenen Traubensaftes hatte wenig mit Alkoholismus zu tun. Da Trinkwasser gerade in den Städten oft sehr stark verunreinigt war, wurde den gekelterten Trauben nicht nur in der biblischen Überlieferung eine wichtige Bedeutung beigemessen: Der Wein war Symbol des Lebens in der christlichen Religion und half in der Nähe verschmutzter Brunnen als Alltagsgetränk beim Überleben.

War der Rebsaft reichlich vorhanden, wurde er nicht nur getrunken. Mit der Verbreitung von Federkielen experimentierten die Alchimisten des Mittelalters mit Ruß und pulverisierten Mineralien, Eiweiß und Wein. Die Eisengallustinte, bestehend aus pulverisierten Galläpfeln, Eisen- oder Kupfervitriol,

Die Klosterruine Memleben. In dieser Pfalz ist 936 Heinrich I., der erste deutsche König, gestorben.

Die Krypta der romanischen Klosterruine Memleben ist fast komplett erhalten geblieben.

Kräuter waren wichtige Nahrungsergänzung und Grundlage der Heilkunst. Innerhalb der Klostermauern entstanden Kräutergärten. Reichte der Platz für die Gemüse-, Obstbaum- und Gewürzgärten nicht mehr aus, um die Klosterbewohner zu versorgen, entstanden Anbauflächen außerhalb.

Gummi Arabicum und Lösungsmitteln, wurde teilweise durch Dornrindentinte ersetzt. Diese wurde aus der Rinde von Schlehenzweigen hergestellt und trocknete nicht so schnell ein. Dadurch verstopfte der Federkopf seltener.

Der Benediktinermönch Theophilus beschrieb die Herstellung der Dornrindentinte in seiner im 12. Jahrhundert entstandenen Schriftensammlung *Schedula diversarum artium*, in der verschiedene Kunsthandwerkstechniken des Mittelalters ausführlich dargestellt sind. Die Rinde wurde mit Wasser angesetzt und später mit Wein verkocht. Das rotbraune Schreibmittel war lichtecht und verursachte im Gegensatz zur Eisengallustinte keinen Tintenfraß.

(Timo Groß)

Literatur

Coburger, Dieter (Hg.): Dresdner Schankordnung vom 16. Oktober 1308. Kurfürstliche Sächsische Weinbergsordnung vom 23. April 1588, neu herausgegeben und erläutert von Dieter Coburger. Naumburg 1998.

Ebert, Kordula (Hg.): Zwischen Fest und Alltag. Weinkultur in der Mitte Deutschlands. Katalog zur Ausstellung im Museum Schloss Neuenburg. Freyburg 1998.

Voigt, Thomas: Die politischen Folgen der Reformation – Schicksal und Besitz der Klöster im Saale-Unstrut-Gebiet. Dissertation. Leipzig 1988.

Otto III.

Der Gönner des Klosters in Memleben wurde im Juli 980 in der Nähe von Nijmwegen geboren und nach dem frühen Tod des Vaters am 24. Dezember 983 in Aachen zum König gekrönt. Durch eine vielseitige und sorgfältige Ausbildung war er fähig, die Regierung des geschwächten Reiches im Alter von 15 Jahren zu übernehmen. Für ihn sollte Rom das Zentrum eines christlichen Universalreiches werden. Zu Christi Himmelfahrt 996 wurde Otto III. dort zum Kaiser gekrönt. Zu seiner Politik gab es viele unzufriedene Stimmen auf dem Gebiet des heutigen Deutschlands. Wegen der dauerhaften Anwesenheit des Kaisers in Rom sah sich auch der einheimische Adel dort in seiner Macht eingeschränkt. Auf der bei Rom gelegenen Burg Paterno erlag er aber bereits am 23. Januar 1002 der Malaria. Er wurde in Aachen beigesetzt.

Die Kogge im Trockendock

Naumburg in der Hanse

Anfangs war die Hanse ein genossenschaftlicher Zusammenschluss von Kaufleuten zur Förderung ihres Handels im Ausland. Sie entwickelte sich ab Mitte des 12. bis Mitte des 14. Jahrhunderts zu einem Städtebund. Im 17. Jahrhundert hatte das Bündnis keine Bedeutung mehr. Hansischer Handel wurde im Wesentlichen von deutschen Kaufleuten nordeuropäischer Städte betrieben, indem sie Waren aus Ost- nach Westeuropa beförderten und umgekehrt.

Auch von Norden nach Süden besaß die Hanse intensive Handelsbeziehungen. Bis Anfang des 14. Jahrhunderts wurde ihr Handel von wandernden Kaufleuten beherrscht.

Eine besondere Rolle spielten dabei die Messen. Diese wurden an Orten mit der nötigen Infrastruktur abgehalten. Herbergen, Lager- und Verkaufsräume waren Voraussetzungen. Von Vorteil für die Kaufleute war außerdem die Planbarkeit der Messen, die regelmäßig zu festen Zeiten stattfanden.

Der Marktbrunnen mit dem Wenzel in Naumburg

Bis zum Beginn des 15. Jahrhunderts hatte sich Naumburg zu einem wichtigen Handels- und Messeplatz entwickelt. Auf der jährlich stattfindenden Peter-Paul-Messe am 29. Juni wurde unter anderem mit Honig, Häuten, Pelzen, Tuchen, Wachs, Metallwaren und Gewürzen gehandelt. Besonders durch den Umsatz von Färberwaidpflanzen, denen eine zentrale Bedeutung beim Blaufärben von Tuchen zukam, erlangte Naumburg Ansehen und Reichtum.

Dazu kamen als wichtigste Handelsgüter der Region starke Weine und das viel gerühmte Naumburger Bier. Als Ausdruck der wirtschaftlichen Macht entstanden repräsentative Bauten. Sich dieser wachsenden wirtschaftlichen Macht bewusst, handelten die Bürger dem Bischof, unter dessen Vormund die Stadt stand, nach und nach wichtige Rechte ab.

Am 18. Mai 1432 trat die Naumburger Bürgerschaft ohne Billigung des Bischofs und der Landesherren der Hanse bei. Vermutlich versprachen sich die Bürger im Falle eines Hussitenangriffs Hilfe durch den Städtebund. Die Landesherren fühlten sich in ihrer Autorität untergraben. Daher zwangen die Herzöge Friedrich und Sigismund von Sachsen und der Landgraf Friedrich von Thüringen, Markgraf zu Meißen, gemeinsam mit Bischof Johann II. und dem Naumburger Domkapitel den städtischen Rat zum Austritt aus der Hanse. Die entsprechende Urkunde wurde am 30. Juni 1433 ausgestellt. Leipzigs Aufstieg zur Messestadt seit 1500 und der Dreißigjährige Krieg brachten damit die wirtschaftliche Blüte Naumburgs zum Erliegen.

(Katja Hantschick und Sarah Schoberth)

Wie der Hering nach Naumburg kam

Mobilität, Märkte, Messen
im mitteldeutschen Mittelalter

„... geschätzter Hildebrand Reme, Kaufmann zu Lübeck, Händler der Hanse, ich bitte Euch zur alsbald stattfindenden Peter-Paul-Messe, zusätzlich für unseren Hochwohlgeborenen Bischof Johann II., zwei Tonnen Eures besten schonischen Herings zu liefern. Auf das es unserem Bischof und dem Landgraf Friedrich von Thüringen, Markgraf zu Meißen bestens schmecken werde. Ich ersuche Euch um baldige Antwort. Gottes Segen mit Euch Kaspar Domdechant zu Naumburg".

Beladen mit mehreren Fässern schonischen Herings und norwegischem Stockfisch, schloss sich Hildebrand Reme weiteren Hansekaufleuten auf dem Weg nach Naumburg an. Gemeinsam konnten sie ihre Waren besser vor Strauchdieben und Wegelagerern schützen. Die Fuhrwerke, beladen mit Tuch aus Flandern, Kupfer und Eisen aus Schweden, Leder, Fellen und Wachs aus dem russischen Nowgorod, machten sich auf den einwöchigen Weg entlang der Hansestraße von Lübeck über Lüneburg und Magdeburg bis nach Naumburg.

Die alten Handelsstraßen waren festgetretene Naturwege, die bei schlechtem Wetter schwer zu befahren waren. Um ihre Bürger zu versorgen, waren die Städte an gut passierbaren Straßen interessiert. Auch die Hansestädte konnten nicht auf den Landhandel verzichten.

Bischof Johann II. hatte hohen Besuch geladen. Erwartet wurde der Landgraf Friedrich von Thüringen, Markgraf zu Meißen. Um den Fürsten für sich und seine Pläne zu gewinnen, wollte der Bischof nach Ende der Peter-Paul-Messe ein besonders erlesenes Fest geben. Am 18. Mai 1432 war die Bürgerschaft Naumburgs aus Angst vor einem möglichen Hussitenangriff eigenmächtig in den Bund der See- und Hansestädte eingetreten. Empört über diesen Angriff auf seine Autorität suchte Johann II. einflussreiche Verbündete, um die Bürger zum Austritt zu zwingen.

Zwei Tagesreisen vor Naumburg, auf einem unwegsamen Waldstück, kam die Kaufmannskolonne abrupt zum Stehen. Auf dem regenweichen Waldboden war der Heringswagen unvermittelt ins Rutschen geraten und gekippt. Herumrollende Fischtonnen verschreckten die Pferde, die sich losrissen und tief in den Wald flüchteten. Glücklicherweise war den Fässern nichts passiert, nur der Wagen hatte Schaden genommen. Vorderachse und Vorderräder waren gebrochen. Rechtzeitig zur Peter-Paul-Messe würde es der Fischkarren nicht mehr schaffen können, obwohl sich der Schmied aus dem naheliegenden Dorf eifrig ans Werk machte. Die Händler mussten Hildebrand Reme mit seiner Fracht zurücklassen, um die Messe rechtzeitig zu erreichen.

Zum Beginn der Peter-Paul-Messe waren die Vorbereitungen für das Festmahl des Bischofs bereits in vollem Gange. In Erwartung zweier Heringsfässer begab sich der Domdechant in die Fischstraße. Jedoch waren neben Lachs, Forelle und Hecht sowie allerlei anderen heimischen Fischen keine Heringe zu finden. Auch am folgenden Tag wurde er nicht fündig. Er machte sich Sorgen, benötigte der Hering doch einige Tage Zubereitungszeit. Außerdem war es dem Bischof ein besonderes Bedürfnis, dem Landgrafen diesen Meeresfisch reichen zu können.

Am dritten Messetag fehlte der Hering weiterhin. Niedergeschlagen lief der Dechant die Fischstraße entlang. Auf Höhe des Marientors riss ihn lautes Gemurmel aus seinen trüben Gedanken. Neugierig bahnte er sich einen Weg durch die Menschenmenge. Freudig vernahm er den Grund des Tumults. Hildebrand Reme hatte es doch noch geschafft.

Das Festmahl konnte Bischof Johann II. als Erfolg verbuchen, vielleicht auch dank des köstlichen Herings. Zusammen mit dem Landgrafen Friedrich von Thüringen, Markgraf von Meißen, konnte er weitere Verbündete gewinnen. Gemeinsam zwangen sie am 30. Juni 1433 den städtischen Rat Naumburgs, „uß dem bunde der sehe und henstete" (aus dem Bund der See- und Hansestädte) auszutreten.

(Katja Hantschick und Sarah Schoberth)

Das Silber der Meere

Die großen Geschäfte der Hanse waren die Beschaffung der Grundnahrungsmittel und Luxusartikel sowie der Handel mit diesen. In der Fischerei besaß die Hanse das Monopol im Heringshandel. Später verlor man die Vormachtstellung an die Holländer. Der Hering musste, bevor er seine lange Reise auf Handelswegen antrat, schnell und ausgiebig gepökelt werden. Salz war nicht billig, man brauchte aber ein Kilogramm, um fünf Kilogramm Hering zu konservieren. Das Geschäft mit verderblicher Ware war riskant. Die Kaufleute mussten aufpassen, dass sie keine Fässer von den Fischhändlern aus Schonen annahmen und auf Reisen schickten, die an den Rändern mit guten und in der Mitte mit minderwertigen Heringen gefüllt waren.

Naumburger Hering an mittelalterlichem Gemüsebett

Heringe

   4 grüne Heringe
   100 g Mehl
   Saft von 3 Zitronen
   Salz
   Pfeffer
   Butter

Die Heringe unter fließendem Wasser säubern, danach mit der Küchenrolle trocken tupfen. Fische mit dem Saft von drei ausgepressten Zitronen gut säuern und etwa eine Viertelstunde ziehen lassen. Gesäuerte Fische je nach Geschmack salzen und pfeffern. Die Heringe in Mehl wenden, anschließend in einer großen Pfanne mit heißem Fett von beiden Seiten bei mittlerer Hitze anbraten.

Mittelalterliches Gemüsebett

   500 g Möhren
   150 g Petersilienwurzel
   2 große Kohlrabi
   1 Lauchstange
   Salz
   Pfeffer
   Muskat

Möhren, Kohlrabi und Petersilienwurzel schälen, danach in kleine Würfel schneiden. Geputzten Lauch in dünne Streifen schneiden und mit dem anderen Gemüse vermengen. Geschnittenes Gemüse in kochendem Salzwasser blanchieren. Das mittelalterliche Gemüsebett kann je nach Geschmack mit Salz, Pfeffer und Muskat abgeschmeckt werden.

Anfangs mussten die adligen und kirchlichen Stadtherren an den Markttagen für Ordnung sorgen und die Siedlung gegen äußere Feinde schützen. Die mittelalterlichen Städte wuchsen. Das Bürgertum kämpfte gegen diese feudalen Herren, um sich von Frondiensten und Abgaben zu befreien: Die Stadtbevölkerung drängte auf das Recht der Selbstverwaltung.
Seit dem 13. Jahrhundert bildeten die Städte häufig Bünde, um sich gemeinschaftlich auch gegen den Adel zu wehren. Die Abkommen förderten den Handel. Durch die steigende Warenproduktion kam es zum Erstarken der Zünfte. Die Handwerker forderten nun ihre Beteiligung an Rat und Gericht.

Die Naumburger Kirschfestsage
Kinder retten Land und Leute

Der Naumburger Dom im 19. Jahrhundert

Im Sommer des Jahres 1432 gingen die Bürger der reichen Handels- und Domstadt Naumburg hinter der Wenzelsmauer ruhig und friedlich ihrem Leben und der Arbeit nach. Was die wenigsten von ihnen wussten, die grausamen Kriegszüge der Hussiten aus Böhmen hatten begonnen. Sie kamen langsam, aber sicher über das Osterzgebirge in die sächsischen Lande und waren daran, den Mord an dem Kirchenreformer Jan Hus zu rächen und alle Menschen über die Ungerechtigkeiten der Kirche aufzuklären. Sie schreckten dabei auch vor Gewalt, Plünderungen oder Mord nicht zurück. Ihr Weg führte sie auch nach Naumburg, dem Bischofssitz, denn auch Bischof Gerhard II. hatte 1415 auf dem Konstanzer Konzil für den Tod des Jan Hus gestimmt.

Die 40 000 Hussiten wurden von ihrem Heeresführer Prokop dem Großen, der für seine Grausamkeit bekannt war, in der Nähe von Leipzig in fünf Heeressäulen aufgeteilt, um auf einer Breite von 50 Kilometern Richtung Süden zu ziehen. Das Heer um Prokop den Großen ging geradewegs in Richtung Naumburg. Von Weitem schon sahen sie die Türme der Kirchen und des Doms und entschlossen sich, die Stadt vor den hohen Mauern zu belagern. Sie taten dies mit Erfolg. Da sich schnell herumsprach, wie grausam die Hussiten ihre Kriege führten, trauten sich die Naumburger nicht aus ihrer Stadt. So vergingen einige Tage und Wochen. Die Menschen begannen an Hunger zu leiden und die Gefahr von Seuchen schwebte über der Stadt. Verzweiflung machte sich breit, niemand konnte etwas tun. Die Situation schien aussichtslos.

Scherenschnitte mit Kirschfest-Sagenmotiven hatten Walter Hege und Heinz Kinder für die Aufführung des Schattenspieles „Die Hussiten vor Naumburg" im März 1920 angefertigt. Scherenschnitt von Walter Hege an der Marienstraße 5/6

Unterdessen hatte ein Schullehrer eine Idee. Er versammelte alle Kinder in weißen Gewändern vor dem Stadttor, in der Hoffnung, dass der brutale und kriegserfahrene Prokop unschuldige und vom Hunger gepeinigte Kinder nicht massakrieren würde. Die ganze Stadt bangte um ihre Kinder, als der Lehrer mit ihnen vor Prokop trat.

Und es geschah ein Wunder! Prokop der Große konnte den Anblick der leidenden Kinder nicht ertragen. Er beschenkte sie und die Naumburger mit Kirschen, die von den Hussiten in der Umgebung gesammelt worden waren, denn es war Juni und somit gab es Kirschen im Überfluss. Anschließend wandte er sich an den Bürgermeister und schloss mit ihm Waffenstillstand, indem beide Naumburger Wein aus einem Kelch tranken. Danach zogen die Hussiten, ohne auch nur eine Gewalttat oder Plünderung verübt zu haben, einfach weiter und wurden nie wieder gesehen.

Als es nun so viele Kirschen gab, dass diese faulig zu werden drohten, ließen sich die Naumburger einige Rezepte einfallen. Unter anderem die leckere Kirschpfanne, die mit einfachen Zutaten hergestellt werden kann und sich noch heute großer Beliebtheit erfreut. Man bekommt sie auf dem Hussitenkirschfest, das aus Dankbarkeit über die Verschonung der Stadt fortan jedes Jahr Ende Juni mit vielen Gästen gefeiert wird.

(Diana Redner)

Wahrheit oder Legende

Die Kirschfestsage bei Wein und Licht betrachtet

Der Wenzel mit dem Stadtwappen am Ratskeller

Das Naumburger Kirschfest wird seit 500 Jahren gefeiert. Anfangs war es noch ein Kinder- bzw. Schulfest mit religiösem Hintergrund. Erst ab 1455 wurde es zum eigentlichen Kirschfest, als nach dem Sächsischen Bruderkrieg (1446–1451) der Frieden zwischen den adligen Gegnern in Naumburg wieder hergestellt war. Aus Freude über das Ende des blutigen und opferreichen Erbschaftsstreites wurde fortan ein Volksfest gefeiert, bei dem auch Kirschen verschenkt wurden. Bei diesem ungerechten Krieg war unter dem Volk großer Schrecken verbreitet worden. Auch war die Angst vor den hussitischen Kriegszügen, die zwanzig Jahre vorher stattgefunden hatten, noch nicht ganz aus den Köpfen verschwunden. Über die Jahre haben sich dann wohl die Erinnerungen und Gerüchte an die beiden Ereignisse vermischt.

Im Dreißigjährigen Krieg (1618–1648) wurde Naumburg von einem Schwedengeneral belagert, was dafür sorgte, dass die Sage um die Hussiten weiter ausgeschmückt wurde und bittende Kinder von nun an die Stadt retteten. Dies belegt Caspar Eulenbergs Aufzeichnung *Chronicum Numburgense* aus dem Jahr 1685.

Ein bis ins Detail verfasster Bericht mit farbigen Skizzen über die Belagerung der Stadt durch die Hussiten und die Errettung durch die Kinder erschien später in einer Chronik, die ein Mönch geschrieben haben soll. Es stellte sich aber recht schnell heraus, dass diese Chronik vom Garnisonskinderlehrer Johann Georg Rauhe (1739–1791) verfasst worden war. Der schrieb eine Vielzahl von Un- und Teilwahrheiten in der sogenannten „Lügenchronik", um sich damit zusätzliches Geld zu verdienen. Seinen Bericht veröffentlichte er 1782, genau 350 Jahre nach der angeblichen Belagerung. Damit wurde die Hussitensage weit über Naumburg hinaus bekannt, und so mancher Autor schmückte die Sage noch weiter aus.

Über die Jahre hinweg entwickelte sich das Fest und erfreute sich großer Beliebtheit. In den vielen Festzelten wurde gezecht, geredet und gesungen. Das 1832 verfasste *Kirschfestlied* von Karl-Friedrich Seyferth machte trotz des eher ironisch gemeinten Textes das Fest weiter bekannt. Auch heute noch wird das Lied in den Festzelten gesungen.

(Diana Redner)

„Das Flehen der Sterblichen schlägt gegen die tauben Gewölbe des Himmels, weil alles sich in einem nichtigen schwindelnden Zirkustanz dreht, nach Genüssen greift, die nur der Widerschein von wirklichen Gütern sind, und so jeder fühlt, wie ihm sein geträumtes Glück aus den Händen entschwindet. Wer aber vorher weiß, welche Gerichte er an dieser Tafel findet, der wählt klug aus, und kostet von jedem, wenn die Nachbarn hungrig vom Tisch gehen, indem sie auf eine Leibspeise warteten, die nicht aufgetragen wurde."
(Ludwig Tieck: William Lovell)

Literatur
Hirschfelder, Hans: Die Hussiten zogen vor Naumburg. Naumburg 1964.

Kirschfestlied
Die Hussiten vor Naumburg

Die Hussiten zogen vor Naumburg
über Jena her und Camburg
auf der ganzen Vogelwies'
sah man nichts als Schwert und Spieß,
an die hunderttausend.
Als sie nun vor Naumburg lagen,
kam darein ein großes Klagen!
Hunger quälte, Durst tat weh,
und ein einzig Lot Kaffee kam auf sechzehn Pfenn'ge
Als die Not nun stieg zum Gipfel,
faßt die Hoffnung man beim Zipfel,
und ein Lehrer von der Schul'
sann auf Rettung und verful
endlich auf die Kinder
„Kinder", sprach er, „ihr seid Kinder,
unschuldsvoll und keine Sünder
ich führ euch zum Prokop hin,
der wird nicht so grausam sin,
euch zu massakrieren."
Dem Prokopen tät es scheinen,
Kirschen schenkte er den Kleinen
zog darauf sein langes Schwert,
kommandierte: „Rechtsum, kehrt!"
Hinterwärts von Naumburg.
Und zu Ehren des Mirakles
ist alljährlich ein Spektakel.
Kennt ihr nicht das Kirschenfest,
wo man's Geld in Zelten läßt?
Freiheit und Viktoria

Portal in der Engelgasse

Naumburger Kirschpfanne

1/2 l Milch
3 Brötchen oder ca. 200 g Weißbrot
100 g Zucker
250 g Quark
5 Eier
500 g frische Kirschen
Semmelbrösel
etwas Butter

Für die Kirschpfanne kocht man zuerst die Milch auf. In diese kommen die Brötchen (oder wahlweise Weißbrot), die vorher mit der Hand zerkleinert wurden. Das Ganze muss dann richtig aufquellen. Dann fügt man Zucker und Quark dazu und rührt alles gut durch. Von den Eiern trennt man vorsichtig das Eigelb und gibt es unter ständigem Rühren zur Quarkmasse. Danach schlägt man das Eiweiß zu Schaum und hebt es unter die Masse.

Dann werden die Kirschen gewaschen und entsteint. Eine Auflaufform wird ausgefettet und mit Semmelbröseln bedeckt. In die Form kommt zunächst eine Schicht der Quarkmasse, darauf verteilt man einige Kirschen. Dann wieder Quark und wieder Kirschen, bis nichts mehr übrig ist. Wichtig: Die Quarkmasse muss den oberen Abschluss bilden.

Bevor alles für ungefähr 60 bis 75 Minuten in einen auf 180°C geheizten Herd bäckt, kommen oben auf die letzte Schicht ein paar Butterflocken. Die Kirschpfanne kann aus dem Ofen, wenn sie eine leicht bräunliche Färbung bekommt. Nachdem alles ein wenig abgekühlt ist, empfiehlt sich eine leichte Brise Puderzucker. Man kann die warme Kirschpfanne sehr gut mit einer Kugel Vanille-Eis genießen. Aber auch ganz abgekühlt schmeckt sie mit geschlagener Sahne oder pur.

Stadtbürger und Bierbrauer

Zeitz und seine tiefen Keller

Als der Braumeister das aromatische Getränk im Schimmer der Öllaterne aus der Kühle seines Kellers holte, gab das immer wieder einen trefflichen Grund, um sich zusammenzufinden. Ob Patrizier, Händler, Professor, Student oder Bauer – Anlässe, um Bier zu trinken, fand man immer. Ab dem Ende des 15. Jahrhunderts begann das Bier den Wein als Hauptgetränk zu ersetzen – als Alternative zum oft schmutzigen Wasser. Auf Marktplätzen, in Burgen, in den Gutshöfen des Adels, in Trinkstuben der Zünfte und Gilden oder den Ratskellern kam es in deutschen Landen oft zu feuchtfröhlichen „Gastereyen".

Aufgrund verschiedener Getreidearten und zugesetzter Würzmittel wie Rosmarin, Anis, Wermut und Lorbeer – die Liste ließe sich fortsetzen – kann das mittelalterliche Bier nicht mit unserem heutigen Getränk verglichen werden. Gut abgelagerter Gerstensaft war beliebt und teurer als das Jungbier, das zum Ausgären in die dafür eingerichteten Brauhäuser geschafft wurde. Die Bewohner des mittelalterlichen Zeitz trieben in den Grenzen ihrer Grundstücke die Stollen mit Hammer und Pickel im rötlich-braun schimmernden Buntsandstein voran. Ungefähr 300 Häuser in der Stadt an der Elster verfügten über einen Keller. Bei Temperaturen zwischen 9 und 13 Grad Celsius reifte das Bier in den unterirdischen Gewölben und Ganganlagen.

Das Braurecht in Zeitz war im 15. Jahrhundert an ein steuerpflichtiges Haus gebunden, dessen Besitzer auch Waffen zur Verteidigung der Stadt anschaffen musste. Innungszwang und Hausbesitz bedeuteten im Ernstfall: Eventueller Waffengang! Dafür standen Schlachtschwert, Hakenbüchse, Spieß und Hellebarde stets bereit.

Im Jahre 967 wurde Zeitz auf der Synode von Ravenna erstmals als Cici urkundlich erwähnt. Im 10. Jahrhundert wurde Zeitz Bischofssitz.

Der Naumburger Bischof Peter von Schleinitz ordnete 1452 den „Bierzwang" an. Der regelte, an welchem Ort Biere brauberechtigter Häuser zum Ausschank kommen durften. Die innerhalb einer „Bannmeile" wohnenden Menschen durften das Getränk nicht mehr selbst brauen und mussten das Bier der Brauhäuser kaufen. Den Ausschank fremder Biere im eigenen Braugebiet galt es gleichfalls zu erschweren oder zu verhindern. Bier war nicht nur Grundnahrungsmittel, sondern auch kostbares Handelsgut. Das brachte Steuereinnahmen für die strapazierten Haushaltskassen. Neben der *Capituls-Schenke* durfte nur noch der Rat fremde Biere ausschenken, wobei auch hier größtenteils einheimischer Gerstensaft, das Cofent, getrunken wurde. Trotzdem waren die Keller des Rathauses mit *Schneeberger, Naumburger, Freiberger, Zschopitzer, Werdischem, Zwickauer, Krimmitzschauer, Weidaer, Ronneburger* und *Einbecker Bier* gefüllt.

Von der Aufnahme der Gäste
„Alle Gäste, die zum Kloster kommen, werden wie Christus aufgenommen, denn er wird einst sprechen: Ich war fremd und ihr habt mich beherbergt." (Aus der Regel des heiligen Benedikt)

Der Rat der Bürger behauptete sich gegenüber dem Bischof, der auch Reichsfürst war, immer mehr als gleichberechtigte Macht im städtischen Gefüge. Der wachsende Handel brachte neue Privilegien, und gute Geschäfte führten zu Trinkgelagen. Die Keller des Rates standen für die „Erfrischungen", die sogenannten Collationen, immer offen. Als sich Bischof Dietrich IV. von Schönberg im Jahre 1483 gegen die Erweiterung des städtischen Rates aussprach, propagierten die Bürger, dass Gott dem geistlichen Oberhaupt einen „rechten Sinn geben möge". Darauf empfahl Dietrich der regierenden Bürgerschaft, sich lieber vom Heiligen Geist, anstatt von dem des Ratsweinkellers leiten zu lassen.

Nicht nur für den Eigengebrauch bestimmt, ließ sich mit zunehmendem Aufschwung der gewerblichen Bewirtung am Rand der großen Handelswege und in den Städten viel Geld mit dem kühlen Bier verdienen. Gastfreundschaft hatte mit dem Verweis auf christliche Nächstenliebe einen großen Stellenwert in der mittelalterlichen Feudalgesellschaft. Durch das Aufblühen der Städte und den damit verbundenen hohen Reiseverkehr bedurfte es aber neuer Regelungen für das Gastgewerbe, ohne die Mobilität vieler ärmerer Reisender einzuschränken. Die sozialen Beziehungen der Menschen versuchte die Obrigkeit dadurch aufrecht zu erhalten, dass sie den Wirten nur kleine Gewinnspannen einräumte und diese streng kontrollierte.

Viel Geld verdiente man beim Bierausschank nicht mit den armen Bauern der näheren Umgebung, die nach dem „Bierzwangsrecht" auf das Bier in der Stadt angewiesen waren. Der vergorene Gerstensaft diente der Zubereitung von Suppen, um dem „alltäglichen Einheitsbrei" Würze zu verleihen. Das Zechen wurde nicht zur Gewohnheit. Den Bauern ging es vielmehr darum, in einer Zeit der aufkommenden Geldwirtschaft mit der Ernte auszukommen und fehlende Güter mit eigenen Mitteln

Die unterirdischen Ganganlagen, die offenbar während der Blütezeit des Zeitzer Brauwesens im 15. und 16. Jahrhundert entstanden, befinden sich vor allem im Zentrum der Oberstadt.

zu beschaffen. Während im Sommer kaum Ruhe zum Essen blieb, wurde im Winter in geselliger Runde im Schein des Kienspans mit Freunden eine Kanne Bier geleert.

Große Absatzmärkte beflügelten auch den Erfindergeist der Bierbrauer. Zahlreiche Rezepte zeugten davon, wie schlecht vergorenes oder verdorbenes Bier trinkbar gemacht wurde. Mit Kreidemehl, Pottasche, Buchenasche, Salz oder Eiern (auch hier könnte die Aufzählung beliebig verlängert werden) versuchte man einen geschmacklichen Drahtseilakt beim „Auffrischen" des Gerstensaftes. Dies rief den ersten von Steuereinnahmen verwöhnten Landesherren auf den Plan. Ein Reinheitsgebot für Bier wurde erstmals im Jahre 1516 vom bayerischen Herzog Wilhelm IV. erlassen. Mit den vorgegebenen Rohstoffen ließen sich für ihn die Steuergewinne besser kalkulieren, und die Leute tranken wieder besseres Bier – zum Wohle der Staatskasse. Als „deutsch" konnte die damalige Verordnung nicht gelten. Sie war nur für das Herzogtum Bayern bindend. Das Gebot setzte sich mit Hilfe von Verordnungen aber nach und nach durch, galt zu Beginn des 20. Jahrhunderts als Kernstück für das Brauwesen im Kaiserreich und wurde 1919 in die deutsche Verfassung aufgenommen – dank erneutem Druck aus Süddeutschland.

Das städtische Gewerbe des 16. Jahrhunderts florierte. Die Warenströme der einheimischen Unternehmer ließen große Geldmengen nach Mitteldeutschland fließen. Geblendet durch den Aufschwung, erkannten viele die Vorboten einer herannahenden Krise nicht: Lebensmittel wurden knapp. Obwohl sich Kaufleute, Händler und Handwerker in Zeitz zum Teil aus eigener landwirtschaftlicher Produktion versorgten, verschlechterte sich ihre Lage. Die Preise für Grundnahrungsmittel stiegen infolge des Bevölkerungswachstums nicht nur auf den großen Getreidemärkten in Weißenfels und Zeitz an, doch die Löhne hatten einen wegen eines Überangebots an Arbeitskräften nie gekannten Tiefstand erreicht.

(Timo Groß)

Literatur

Behre, Karl-Ernst: Zur Geschichte des Bieres und der Bierwürzen in Mitteleuropa. In: Both, Frank (Hg.): Gerstensaft und Hirsebier. 5000 Jahre Biergenuß. Oldenburg 1998.

Hübner, Regina/Manfred Hübner: Der deutsche Durst. Illustrierte Kultur- und Sozialgeschichte. Leipzig 1994.

Krauß, Irene: „Heute back' ich, morgen brau' ich ...". Zur Kulturgeschichte von Brot und Bier. Ulm 1994.

Müller, Alfred: Die Bürger von Zeitz. Aus ihrem Leben und Wirken in der Vergangenheit. Zeitz 1974.

Rothe, L.: Aus der Geschichte der Stadt Zeitz. Culturhistorische Skizzen nach urkundlichen Quellen bearbeitet. Zeitz 1876 (unveränderter Nachdruck 1996).

Die Entstehung des unterirdischen Zeitz

Graben und Brauen brachten Lust und Gewinn

Die Beinaufs waren eine Bürgerfamilie, und als der Großvater das Holzhaus von seinem Vater übernahm, da war es noch das alte Blockhaus, das erste auf dem Grundstück. Es war klein, die unteren Balken faulten und es stand schon leicht schief.

Der Großvater, damals noch jung und unternehmungslustig, kaufte von den Stephansnonnen die Erlaubnis, Steine aus dem Bruch zu holen. Das Holzhaus wurde auseinandergenommen, die guten Balken wurden wieder verwendet, da altes Holz billiger und besser als neues war. Es wurde ein tiefes Loch gegraben, nur an einer Grenzseite blieb ein Streifen für die Hofzufahrt. Dieser Keller wurde mit einem Gewölbe versehen. Dort lagerten die Lebensmittel, also auch das Bier. Dort herrschten

Bier wurde zwischen Oktober und April hergestellt. Das unterirdische Höhlensystem baute man zur Lagerung von Bier und Lebensmitteln.

> **Hopfen**
>
> Der zu den Hanfgewächsen gehörende Hopfen (Humulus lupulus) verleiht dem Bier seinen aromatisch-bitteren Geschmack. Die schnell wachsende Kletterpflanze behauptete sich gegenüber anderen Gewürzen im Bier, weil sie es haltbar machte. Auch die Schaumbildung wird durch den Hopfen verbessert.

Sommer und Winter gleichbleibende Temperaturen, sodass sich das Bier und die anderen Lebensmittel länger hielten. Aus dem Bier konnte man nahrhafte Gerichte kochen, die der Familie über die langen Winter halfen.

In den nächsten Generationen wurde das Haus zu klein. Da ergab sich die gute Gelegenheit, das Nachbargrundstück zu kaufen. Das war eine ebenso alte Behausung wie seinerzeit die urgroßväterliche. Sie bauten das Haus ab und legten am eigenen Haus einen neuen Flügel an. Eines aber hatten sie sich nicht geleistet: den Anbau zu unterkellern. Dieses Problem sollte bald gelöst werden. „Viele Mäuler wollen satt werden, also müssen erst mal viele Hände arbeiten." Darum wurde vom vorhandenen Keller aus ein Gang gegraben. Oben wurde in Kopfhöhe ein Loch in den Felsen gehauen. Eimer für Eimer wurde auf den Wagen geladen und weggefahren. Ein Gang wurde gebaut, an den sich seitlich niedrige Nischen anschlossen, in die sogar fünf Fässer Bier gestellt werden konnten. Im alten Keller wurde nun Bier gebraut. Hier standen die Braubottiche, Rührgeräte, Eimer und Kannen.

Im Herbst wurde die Gerste eingebracht und der Hopfen gerupft und getrocknet. Wenn vom Stadtrat die Erlaubnis zum Bierbrauen an die Beinaufs gegeben worden war, begann ein emsiges Treiben. Die Bottiche wurden gescheuert, die Fässer geprüft. Meist war nur noch ein geringer Rest im dritten Fass. Die Gerste wurde zum Quellen gebracht. Die Frauen schleppten Holzeimer mit Wasser, die schon leer recht schwer waren. Wenn das Jungbier in den Fässern war, blieb noch genug für die Nachbarn im Viertel, die das angezeigt bekamen, indem ein Laubbusch zum Fenster hinausgesteckt wurde.

Durch die große Menge, die Familie Beinauf nun brauen und lagern konnte, mussten sie sich neu besteuern lassen. Sie mussten fortan höhere Abgaben leisten und mehr für die Stadtverteidigung tun. Aber sie waren auch in der Hierarchie der Bürgerschaft ein Stück nach oben geklettert.

In den nächsten Wochen trank man das Frischbier bei den Nachbarn. Wie das Brotbacken aller zwei Wochen oder das Schlachten zweimal im Jahr war auch das Brauen einmal jährlich eine aufregende Sache: Arbeit und Fest zugleich, immer mit den Ritualen, Segnungen und Gebräuchen verbunden.

(Claudia Parschau)

> Führungsgangsystem
> Unterirdisches Zeitz
> Altmarkt 21
> 06712 Zeitz
> www.unterirdisches-zeitz.de

Zeitzer Biersuppe

1/2 l starkes Bier
1/2 l Wasser
150 g Rosinen
20 g Mehl
Zimt
1 Eigelb
Eischnee
2 Scheiben Weißbrot

Die Rosinen und das Weißbrot im Wasser kochen und anschließend pürieren. Dann das Bier und das mit etwas kaltem Wasser angerührte Mehl hinzufügen. Alles zusammen noch einmal aufkochen. Zuletzt das Eigelb mit der Suppe verrühren und den Eischnee unterheben. Nach Geschmack etwas Zimt hinzufügen.

Deutsches Kinderwagenmuseum: In der größten Kinderwagenausstellung Europas im Zeitzer Schloss findet der Besucher auch eine sehenswerte Dokumentation der Geschichte der Kinderwagenindustrie.

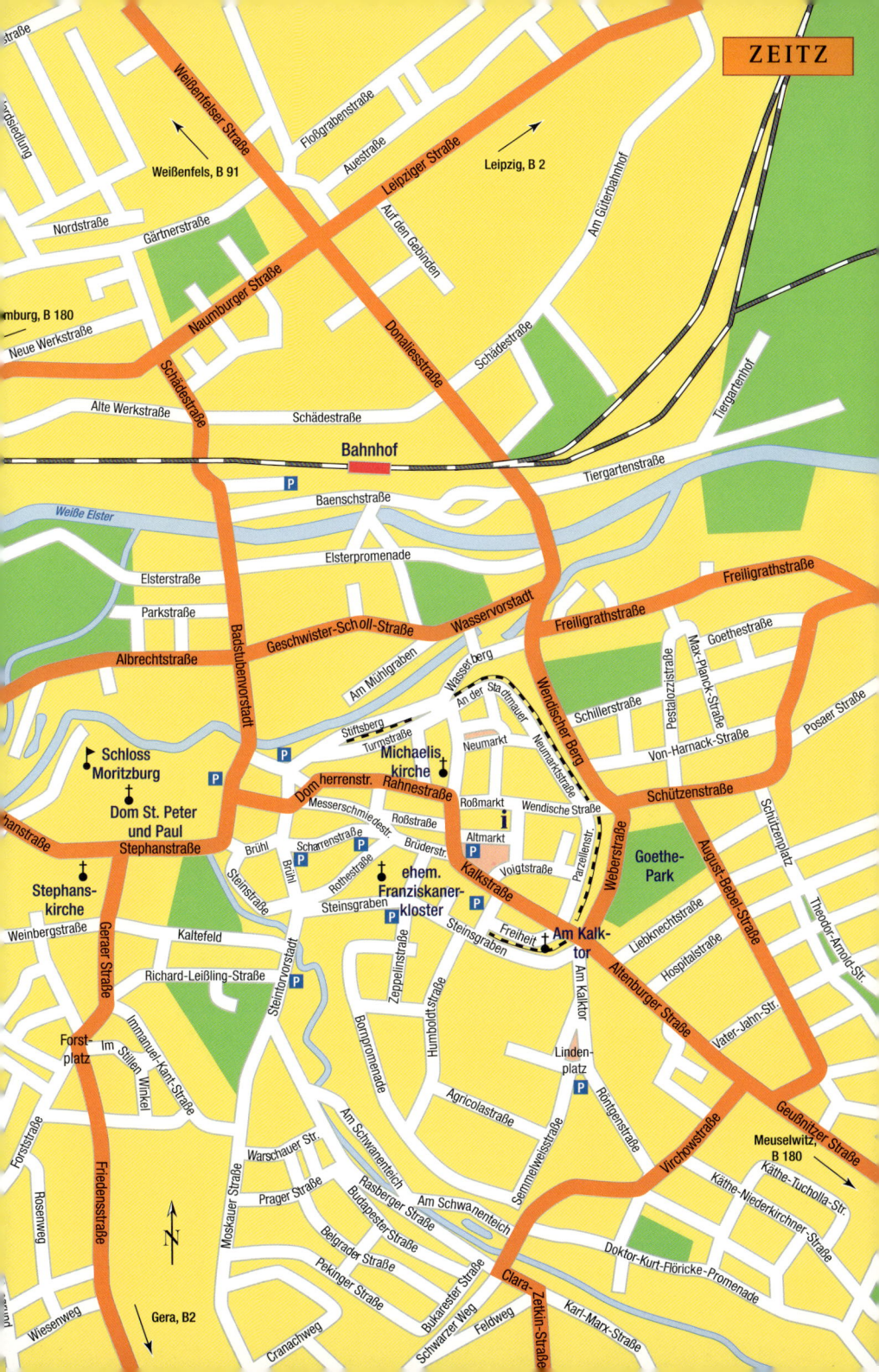

In Kultur genommenes Land an Saale und Unstrut

Der (Wein)Geist in Zeiten der Reformation

Die Rudelsburg

Spätestens seit dem Mittelalter war Wein begehrte Handelsware und Gewinn bringendes landwirtschaftliches Produkt, da der Weinbedarf bei wohlhabenden Stadtbewohnern stieg. Noch heute stehen am Ostufer der Saale die Ruinen der Burg Saaleck und der Rudelsburg als ehemalige Befestigungen an einer großen Durchgangsstraße. Sie sind Sinnbild für die bewegte Geschichte einer Region der Weinbauern und Händler. Der alten Bischofsstadt Naumburg wurde mit ihrer Nähe zu den Handelswegen durch das Saaletal Jahrhunderte lang die Funktion einer „Brücke zwischen Ost und West" zugewiesen.

Im 16. Jahrhundert soll die Rebfläche an Saale und Unstrut über 10 000 Hektar betragen haben. Holundersträucher und Nussbäume umsäumten viele mittelalterliche Rebanlagen, da man zum Wein gern Nüsse aß und die Holunderbeeren das begehrte Getränk zu Rotwein färbten. Dieser war begehrt, aber seltener in den nördlichen Anbaugebieten. Der Anbau von „blauem Holz", den Rotweinreben, wurde beliebter, wenn Weißwein wieder einmal „halber Essig" blieb. Am 51. Grad nördlicher Breite ging die Natur nicht immer liebevoll mit den Weinbauern um.

Die Klöster hatten in dieser Region schon von Anfang an als größte Grundherren den Weinhandel in ihrer Hand. Da die Arbeitsgänge beim Weinbau gerade im Steillagen- und Terrassenbau vielfältiger und komplizierter waren als im Ackerbau, hatten die geistlichen Einrichtungen durch eigene Erfahrungen einen Vorsprung gegenüber anderen Weinbauern. Der Adel und das aufstrebende Bürgertum zogen nach und es entwickelten sich große Anbaugebiete in der Nähe der Städte Weißenfels, Naumburg oder Zeitz.

Wenn die Weinbauern auf ihren Bergen standen und Blicke über die Flusstäler schweifen ließen, wähnte sich wohl mancher dem Himmel sehr nahe. Doch die Reformatoren stellten mit ihrer protestantischen Ethik den ausschweifenden mittelalterlichen Müßiggang in Frage. Der Rausch war beim Nachsinnen über die Worte Gottes unerwünscht und hinderlich. Auch Martin Luther klagte sehr heftig über den großen Durst der Deutschen.

Nachdem sich die Menschen gegen die Vormundschaft der päpstlichen Kirche zur Wehr gesetzt hatten, sahen sie sich wieder mit einer Vielzahl von Reglementierungen konfrontiert. Nach ersten Klagen von den Kirchenkanzeln nahmen die Predigten gegen die Trunkenheit zu. Den Forderungen nach dem „rechten Maß" kamen in der Folge viele Menschen im Spätmittelalter nach. Außerdem stellten auch die neuen Qualitäts-

---

Die Qualität des Weins

Nachdem das Rebland immer mehr zugunsten der Felder eingeschränkt wurde, legten die Weinbauern auf den übrig gebliebenen Anbauflächen nun verstärkt Wert auf Qualität. Vor allem in katholischen Klöstern investierte man viel Energie in die Veredlung der Reben und baute beste Weine in den Kellern aus. Kategorien wie Kabinett, Spätlese oder Auslese sind wichtige Qualitätsinformationen, die aus der Zeit des 16. Jahrhunderts überliefert sind.

Die von den Markgrafen von Meißen gegründete Rudelsburg wurde zeitweise auch als Raubritterburg genutzt und ist im Dreißigjährigen Krieg zerstört worden.

> **Wein, Weitsicht und Gesang**
>
> Für alle sozialen Schichten der mittelalterlichen Stadt galt das gesellige Trinkgelage als eine wichtige Form der Kommunikation. Die Rhetorik der kräftigen Trinker missfiel den Reformatoren. Ihnen ging es nicht um ein Verbot des Alkoholkonsums, sie verlangten Mäßigkeit beim Trinken. „In vino veritas" – im Wein ist Wahrheit; solange man gute Gedanken nicht darin ertränkt. Den vergorenen Rebensaft sehr schätzend, bemerkte Martin Luther: „Für die Toten Wein, für die Lebenden Wasser. Das ist eine Vorschrift für Fische!"

biere eine erhebliche Konkurrenz dar. Zahlreiche Rebflächen wurden brach gelassen und große Teile später vernichtet. Getreu der Devise „Wo ein Pflug kann gehn, soll kein Weinstock stehn" baute man Getreide an.

Gegessen und getrunken wurde, was man selbst pflanzte oder sammelte. Die Winzer, meist nur Pächter der Weinberge, ließen aufgrund von Missernten nicht nur Trauben auf den Hängen reifen. Das zwischen den Rebstöcken wachsende Gras für die Haustiere und das als Nahrung für den Menschen dienende Obst und Gemüse wog den Verlust schlechter Weinjahre aber nur begrenzt auf. Wenn sich im Herbst die Äste der Obstbäume oberhalb der Rebflächen unter der schweren Last bogen, kelterte mancher Weinbauer lieber ertragssichere Obstweine.

Trotz guter Jahrgänge war heimischer Weinbau nicht immer von Erfolg gekrönt. Guter Wein braucht stabile Verhältnisse in Witterung und Politik. Kriege erschütterten das Land noch oft. So zitterten die Winzer an Saale und Unstrut um ihren Wein, ohne dafür nur die klimatischen Bedingungen im nördlichsten Qualitätsweinanbaugebiet der Welt verantwortlich zu machen.

(Timo Groß)

rechte Seite: Die Glasmalerei im gotischen Chor der Freyburger Stadtkirche St. Marien stammt aus dem 19. Jahrhundert. Auf dem Fenster sind Männer im Weinberg bei der Pflege der Rebstöcke zu sehen.

Ein besonderes Kleinod thüringischer Holzschnitzkunst ist der Hochaltar im Kirchenchor. Das Schnitzwerk stellt im Mittelschrein die Marienkrönung dar und auf den Seitenflügeln Szenen aus dem Marienleben. Die Ursprüngliche farbige Fassung und Vergoldung ist nur zum Teil erhalten.

Der Geschmack der Neuen Welt

Der Kürbis in europäischen und burgenländischen Gärten und Küchen

Der Kreuzgang von Pforte

Amerikanisch für Fortgeschrittene

Seitdem puritanische Siedler im Jahre 1620 erstmals nordamerikanischen Boden betraten, wird das Erntedankfest nicht nur in Neuengland mit traditionellen Kürbisgerichten gefeiert. Die Amerikaner, welche sich oftmals den Vorwürfen mangelnder Esskultur erwehren müssen, erkannten die Qualitäten der Riesenfrucht weit früher als mancher Bewohner der Alten Welt. Eines jedoch verbindet die beiden Kontinente: die Verwirrung in Bezug auf die Kürbisnamen. Die Amerikaner unterscheiden zwischen „summer squashes", „winter squashes" und „pumpkins". Die letztere Bezeichnung entstammt dem altenglischen Wort „pompion", welches auf das griechische Wort „pépon", eine Bezeichnung für reif und mürbe, zurückzuführen ist. Das Wort *squash* wurde den Indianersprachen entliehen, in denen *askutasquash* so viel wie roh oder ungekocht bedeutet.

„Etliche sind rund oder lang oder gekrümmt oder gebogen wie Hörner, etliche schlecht, andere kräftig, groß oder klein, je nachdem, auf welchem Erdreich sie gewachsen." Adam Lonitzer beschrieb in seinem Kräuterbuch Mitte des 16. Jahrhunderts eine große runde Frucht. Dabei dürfte dem Arzt und Botaniker der Flaschenkürbis bekannt gewesen sein. Christoph Kolumbus hatte in seinem Tagebuch aufgezeichnet, dass es eine Lust war, von einem Berg aus eine mit allerhand Früchten bepflanzte Ebene zu sehen, als er am 3. Dezember 1492 im heutigen Kuba auf ein damals unbekanntes Gewächs gestoßen war.

In der Folgezeit gab es viel Verwirrung um die Namensgebung und Verbreitung der großen Frucht. In Beschreibungen deutscher Kräuterbücher aus dem 16. Jahrhundert könnten Bezeichnungen für Melone, Koloquinte, Gurke und Kürbis durchaus verwechselt worden sein. Es ist nicht sicher, ob der Kürbis zum Beispiel mit der *colocyntha*, der Wassermelone der alten Griechen, gleichgesetzt wurde.

Schon der griechische Arzt Dioskurides, der unter den römischen Kaisern Claudius und Nero im Militärdienst stand, beschrieb in seiner um die eintausend Arzneimittel umfassenden Lehre *Materia Medica* den Gebrauch von Kürbis zur Linderung vieler Beschwerden. In der mittelalterlichen Klosterheilkunde wurde der Flaschenkürbis verwendet und bereits von Walahfrid Strabo, dem Abt des Benediktinerklosters Reichenau, in seinem im Jahre 827 geschriebenen Lehrgedicht *Liber de cultura hortorum* (Von der Pflege der Gärten) als eine von 23 Nutzpflanzen eines idealen Gartens erwähnt.

Nicht nur wegen seiner medizinischen Wirkungen, sondern auch weil er als Süßspeise geschätzt wurde, befahl Karl der Große am Anfang des 9. Jahrhunderts den Anbau des im Althochdeutschen „churpiz" genannten Gemüses auf den kaiserlichen Krongütern. Auf Feldern und in Gärten wurden im 11. Jahrhundert neben der Möhre und dem Blattgemüse Amarant auch Mangold, Erbsen und Bohnen sowie der aus Afrika stammende Flaschenkürbis *(Lagenaria siceraria)* angebaut.

Den Einstand gab der Speisekürbis in Europa mit der Entdeckung der Neuen Welt. Nachdem Kolumbus am 25. September 1493 mit 17 Schiffen und etwa 1500 Leuten zu seiner zweiten Reise über den Atlantik aufgebrochen war, sind es wohl seine Gefolgspersonen gewesen, die die Cucurbita im Juni 1496 mit nach Spanien brachten. Die Konquistadoren des 16. Jahrhunderts fanden in Mittelamerika eine fertig bearbeitete Kulturpflanze vor, die zusammen mit Mais und Bohnen eine wichtige Nahrungsgrundlage darstellte. Der spanische Missionar und Ethnologe Bernardino de Sahagún berichtete, am Hof des Aztekenkaisers Montezuma wären das Fleisch, die Kerne und die Blüten des runden Gewächses feste Bestandteile jedes Festmahls. Von Spanien aus erfolgte die Verbreitung des Kürbisses durch venezianische Kaufleute nach Italien.

Auch nach der Eroberung von Konstantinopel durch die Osmanen im Jahre 1453 trieben venezianische Kaufleute im Mittelmeerraum Handel mit den Gefolgsleuten von Sultan Mehmed II., und so fand der Kürbis auch den Weg in die heutige Türkei. Die Europäer waren mit Ausnahme der Spanier und Süditaliener gegenüber der neuen Nahrungspflanze anfänglich sehr zurückhaltend. Später erkannten jedoch auch die Portugiesen den Nutzen des Kürbisses und ernährten gefangene Sklaven in ihren westafrikanischen Niederlassungen mit der großen runden Frucht.

Innenraum der Klosterkirche von Schulpforte mit der Tumba des Markgrafen Georg von Meißen

Im Kloster Pforta haben Zisterziensermönche über vier Jahrhunderte gebetet und gearbeitet. Die letzten Glaubensbrüder verließen das Kloster im November 1540. Die neu gegründete Fürstenschule nahm ihren regelmäßigen Schulbetrieb am 19. November 1543 auf.

Als „Fremde" oder „Indianische" wurde die Pflanze im Jahr 1586 bezeichnet, die auf Holzschnitten von Joachim Camerarius dem Jüngeren zu sehen war. Der deutsche Arzt, Botaniker und Naturforscher, der das Gymnasium in Schulpforta besucht hatte und später in Wittenberg und Leipzig studierte, beschrieb die Blätter des Gewächses mit den großen goldgelben Blumen als scharf und rau. Man solle die Stängel bis zum Herbst klettern lassen und danach die Früchte abschneiden. Camerarius beschrieb mit größter Wahrscheinlichkeit noch einen Flaschenkürbis.

Einen weiteren Verbreitungsweg nach Europa – und somit auch in deutsches Gebiet – könnte der Speisekürbis über nordamerikanische Indianervölker gefunden haben. Einige Stämme betrieben bei Ankunft der europäischen Eroberer an der Atlantikküste intensive Landwirtschaft.

Sie bauten den Kürbis zusammen mit Mais und Bohnen als Mischkultur an. Während sich die Bohnen um den Mais wanden, breitete sich der Kürbis auf dem Boden aus, verhinderte das Wachsen des Unkrauts und hielt die Erde feucht und kühl. Anfang des 18. Jahrhunderts war der Speisekürbis in Frankreich und England bereits weit verbreitet. Auf deutschen Feldern und in Gärten fand man die Kulturpflanze, nachdem sie über Frankreich und die Niederlande eingeführt worden war. Die ältesten Kürbissamen in Mitteleuropa entdeckte man bei Grabungen im Altstadtkern von Amsterdam. Die Funde wurden auf das 17. Jahrhundert datiert. Laut Udelgard Körber-Grohne stieß man in der Ruine Neideck im thüringischen Arn-

Landesschule Pforta
Schulstraße 12
06628 Schulpforte
www.landesschule-pforta.de

stadt auf dieselbe Art von Samen. Durch Auslese und Züchtung in vielen Ländern hat sich bis heute eine Vielfalt von über 800 namentlich bekannten Sorten entwickelt.

(Timo Groß)

Literatur

Buchter-Weisbrodt, Helga: Genuss Frucht Kürbis. Leopoldsdorf 2004.

Das Tagebuch des Christoph Kolumbus, über die erste Reise nach Amerika (nach Friedrich Wilhelm Förster). Essen 1923.

Körber-Grohne, Udelgard: Nutzpflanzen in Deutschland. Von der Vorgeschichte bis heute. Stuttgart 1995.

La Rosa, Leonardo: Küchengeographie. Gegen Widrigkeiten aller Art – der Kürbis. In: NZZ Folio 11/96.

Reiterer, Editha und Reinhold: Kürbis. Von den Früchten, den Kernen und ihrem Öl. Wien 1994.

Kurfürst Moritz von Sachsen beschloss 1543 nach Verhandlungen mit den Ständen, das Kloster in eine Lehranstalt umzuwandeln. Begabte Jungen sollten ausgebildet werden, um dem Land als Lehrer, Wissenschaftler, Beamte oder protestantische Geistliche zu dienen.

Pfortenser Weinkürbis

1 kg Kürbis (ohne Schale und Kernfleisch)
Essigwasser
1/2 Liter Wasser
1 Stück Zitronenschale
2 bis 3 bittere Mandeln
3 Nelken
1 Stück Zimtrinde
200 g Zucker
1 Flasche Weißwein von Saale und Unstrut
Zitronensaft

Das Kürbisfleisch in mundgerechte Würfel schneiden. Diese einige Stunden in Essigwasser legen. Danach den Kürbis abtropfen lassen. Das Wasser, Gewürze, Zucker und den Wein zusammen aufkochen. Den Kürbis in diesen Sud geben und glasig dünsten. Danach mit Zitronensaft abschmecken.

Der kulinarische Simplicissimus in Freyburg

Grimmelshausen stark gekürzt und etwas anders erzählt

Kurfürst Johann Georg I. (1585–1656)

Schloss Neuenburg, oberhalb der Stadt Freyburg gelegen, war die größte Burg der Thüringer Landgrafen und Schwesternburg der Wartburg. Das Schloss wurde um 1090 von Ludwig dem Springer erbaut und ragt weithin sichtbar auf einem Bergvorsprung über der Unstrut.

„… kein gut Stück Fleisch kriegten wir auf den Tisch, sondern nur dasjenige, so acht Tag zuvor von der Studenten Tafel getragen, von denselben zuvor überall wohl benagt", klagte der Kostgänger. Aufgrund fehlender finanzieller Mittel speiste der Gast mit „Kindern und Gesind" des Wirtes. Dem Kostgeber Raffgier vorwerfend, musste der Gast auch einsehen, dass die kargen Speisen während der Zeit des Dreißigjährigen Krieges oft nicht besser sein konnten.

Nur gut, dass überhaupt etwas auf den Tisch kam und eine Suppe die Mahlzeit abrundete – nicht ganz trefflich, wie später noch zu lesen sein wird. Den Geschmack brachten in vielen Fällen nicht die Zutaten, sondern die Gewürze. Die flüssige Tunke war eine knapp kalkulierte Überlebenschance in einer unbeständigen Zeit.

Die wechselnde Bündnistreue des sächsischen Kurfürsten Johann Georg I. (1585–1656) und seiner Berater ließ das Leben für viele seiner Untertanen unberechenbar erscheinen. Während des erst um 1630 in Kursachsen beginnenden Dreißigjährigen Krieges lebten die Menschen von der Hand in den Mund. In einem Landstrich, in dem „Wein und Bier" nach schweren Verwüstungen „zu Wasser worden", boten sich für die ausgeplünderte Bevölkerung wenig Möglichkeiten, dem Essen eine besondere Note zu verleihen. Wen der Krieg ernährte, der zog von Ort zu Ort und nutzte das Schwert. Die Kriegsherren und ihre räuberischen Knechte machten Beute in allen unterworfenen Gebieten.

> „Durch schlechte Köchinnen – durch den vollkommenen Mangel an Vernunft in der Küche ist die Entwicklung des Menschen am längsten aufgehalten, am schlimmsten beeinträchtigt worden: es steht heute selbst noch wenig besser."
> (Friedrich Nietzsche: Jenseits von Gut und Böse)

Terrassenweinbau bei Freyburg

Armeen zogen marodierend durch das Land und belasteten nicht nur die Kassen der jeweiligen Landesherren. Die Söldnerheere zu unterhalten war trotz des Geschäfts mit der Beute problematisch. Somit kämpften die gegnerischen Parteien, denen „es am Appetit nicht mangelte", nicht nur gegeneinander, sondern zogen auch gegen die Zivilbevölkerung.

Der Grundsatz Albrecht von Wallensteins (1583–1634), dass der Krieg den Krieg ernähre, wurde zur traurigen Realität für die gesamte Bauernschaft, die meist „ohne Speis und Gewehr" blieb. Wenn der Soldateska der „Ranzen leer worden", „jagte" sie „der Hunger in die Bauernhäuser". Sie „kroch bei Nacht in Keller und Küchen, und nahm von Essensspeis", was sie „fand und tragen mochte …", wenn nötig mit Gewalt. Oft hatte die Landbevölkerung „in Summa nichts als Mühe und Arbeit bis in den Tod".

Wie im siedenden Kochtopf ging es „wohl seltsam in der veränderlichen Welt her"! Nicht nur im protestantischen Sachsen, dem Ursprungsland der Reformation, in dem der Kurfürst Gott fürchtete, die Gerechtigkeit liebte und den Kaiser ehrte, erwuchs aus feinsten Nuancen verschiedener Zutaten etwas politisch Neues. Keine der Großmächte konnte die Vorherrschaft über größere Territorien erlangen, und so erwuchs als Resultat des Krieges ein neues europäisches Staatensystem.

Auf Feinheiten kam es von nun an bei guter Versorgungslage auch in der Esskunst an. Die Adelshäuser orientierten sich stärker an der französischen Küche und verfeinerten die Sup-

> **Großer Krieg – großes Leid**
>
> Dörfer wurden gebrandschatzt, Vieh geplündert und die Felder verwilderten. Die Leidtragenden waren die Bauern. Die Landwirtschaft litt schwer unter den Truppendurchzügen und Kämpfen im Dreißigjährigen Krieg. Aber auch nach dem Krieg mussten die Bauern um ihre Ernte fürchten. Diejenigen, die der Krieg ernährte, entließ man auf die Straße. Räuberbanden machten die Gegend unsicher.

Oberer Raum der Doppelkapelle auf Schloss Neuenburg

rechts: Auffahrt zur Neuenburg

pen kontinuierlich. Für die Landbevölkerung blieb die Suppe dagegen eine undurchsichtige Sache: ein dicker, manchmal fast schnittfester Brei, der in einen monotonen kulinarischen Dialog mit dünner Brühe zum Trinken trat. Im Schatten barocker Tafelfreuden musste die Suppe während des Dreißigjährigen Krieges das nackte Überleben im Bauernhaus sichern. Einfach, preiswert, nahrhaft, Brennstoff sparend und bei jedem Aufkochen hoffentlich besser ... war Suppe bäuerliches Hauptgericht – und ist ein Essen für viele geblieben.

Erinnern sie sich noch an den Anfang der Geschichte? Den Gast bewirtete man mit Fleisch, das schon einmal auf dem Tisch gestanden hatte. Dazu „machte dann die Kostfrau eine schwarze saure Brüh und überteufelts mit Pfeffer". Aufgrund der dünnen Brühe „wurden dann die Beiner so sauber abgeschleckt, daß man alsbald Schachstein daraus hätte drehen können".

Feldherren wie Wallenstein, Mansfeld (1580–1626) oder Pappenheim (1594–1632) spielten ihr räuberisches Spiel und dachten nicht nur an ihren König. Auch da, wo es fast nichts mehr zu holen gab, setzten sie ihre Züge und brachten so manches Bauernopfer. Für jeden galt es, den letzten Rest zu verwerten.

Auch die sauber abgenagten Knochenreste der anfangs erwähnten Mahlzeit kochte man noch aus. Es „wurden die Suppen daraus geschmälzt, oder die Schuh damit geschmiert". Weitermarschieren mussten die Kriegsunternehmer, so dachten sie, wenn die Suppe wieder würziger werden sollte. Vorsicht war jedoch geboten! Denn „allzuscharf macht schartig, und wenn man den Bogen überspannt, so muß er endlich zerbrechen". Keiner der Feldherren lebte 1648 mehr, im Jahr des Westfälischen Friedens.

Pappenheim

(Timo Groß)

> „Sobald ein Soldat wird geboren,
> Sind ihm drei Bauern auserkoren,
> der erste, der ihn ernährt, der andre,
> der ihm ein schön Weib beschert,
> der dritte der für ihn zur Hölle fährt."
> (Hans Jacob Christoph von Grimmelshausen)

Literatur

Burkhardt, Johannes: Der Dreißigjährige Krieg – Einfluß der sächsischen Politik auf die deutsche Geschichte. In: Dresdner Hefte, Nr. 56, Beiträge zur Kulturgeschichte, Sachsen im Dreißigjährigen Krieg. Dresden 1998.

Burschel, Peter: Himmelreich und Hölle. Ein Söldner, sein Tagebuch und die Ordnungen des Krieges. In: Krusenstjern, Benigna von/Hans Medik: Zwischen Alltag und Katastrophe. Der Dreißigjährige Krieg aus der Nähe. Göttingen 1999.

Grimmelshausen, Hans Jacob Christoph von: Der abenteuerliche Simplicissimus. Hamburg 2004.

Ruf, Fritz (Hg.): Die sehr bekannte dienliche Löffelspeise. Mus, Brei und Suppe – kulturgeschichtlich betrachtet. Velbert-Neviges 1989.

Wendeltreppe in der Neuenburg

Seite 110: Neuenburg, Unterkapelle der romanischen Doppelkapelle

Der Bergfried „Dicker Wilhelm" entstand wahrscheinlich im 12. Jahrhundert und ist der einzig erhaltene der drei Rundtürme auf der Neuenburg. Der 45 Meter hohe Turm diente seit dem späten 19. Jahrhundert als Wasserreservoir und wurde nach seiner Sanierung im Jahre 1983 wieder öffentlich zugänglich gemacht.

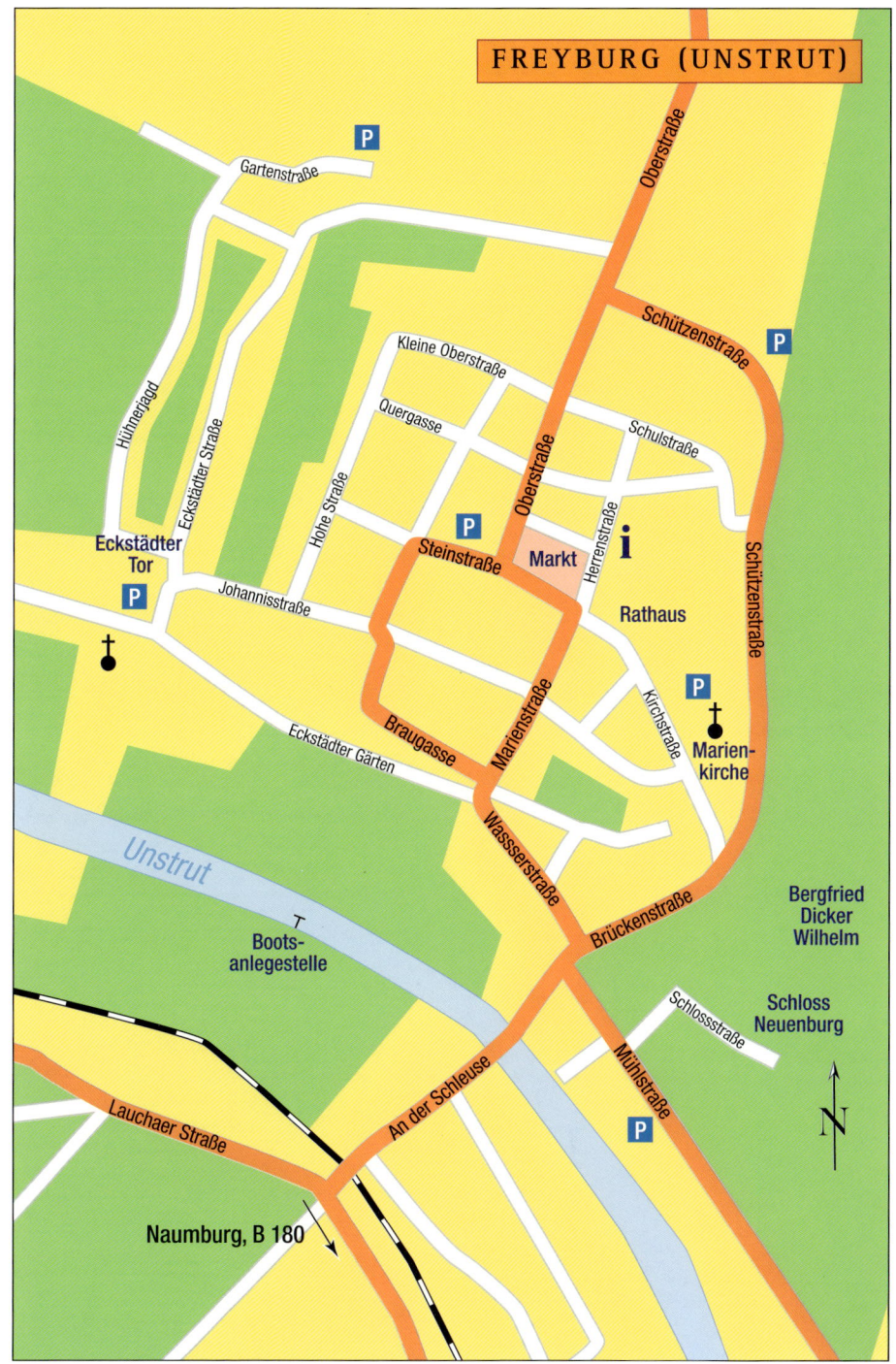

Neuenburger Frühlingssuppe

5 frische Frühlingszwiebeln
150 g frische Champignons
3 Scheiben Weißbrot
500 ml Rindsbrühe
3 Esslöffel Butter
4 Esslöffel Crème Fraîche
3 Esslöffel Schlagsahne
200 ml Rotkäppchen-Sekt Brut
Salz
Pfeffer
Schnittlauch

Die Frühlingszwiebeln fein hacken, Champignons waschen, schälen und blättrig schneiden. Das Weißbrot würfeln, in einem Esslöffel der erhitzten Butter knusprig rösten und auf Küchenpapier abfetten lassen.

In einem Topf Butter erhitzen, schaumig rühren, die Zwiebeln glasig dünsten und mit Sekt ablöschen. Dann die Champignons zugeben, kurz anschwenken und mit warmer Brühe aufgießen. Alles mit Pfeffer und Salz würzen und etwa zehn Minuten leicht kochen lassen. Die Suppe mit dem Mixstab cremig schlagen, Crème Fraîche unterziehen und nochmals leicht erhitzen. Zum Schluss die geschlagene Sahne unterheben. Vor dem Servieren mit den Brotwürfeln und dem Schnittlauch bestreuen.

Tipp: Man kann die Suppe auch mit kleinen Gehacktes- oder Fleischbällchen verfeinern.

Kolumbus, Kurfürst und Klöße

Die Kartoffel in Europa und im Burgenlandkreis

> **Europäische Wachtel**
>
> Die Europäische Wachtel (Coturnix coturnix) zählt zu den Hühnervögeln. Sie ist das kleinste Feldhuhn. Ihre Größe beträgt ca. 18 Zentimeter, ihr Gewicht ca. 150 bis 250 Gramm je nach Art und Herkunft. In früherer Zeit haben Wachteln in einigen Regionen Deutschlands eine wichtige Rolle bei der Versorgung mit Eiweißen, Fetten und Kohlehydraten gespielt. Von Feinschmeckern werden sie neben ihrem zarten Fleisch auch wegen ihrer Eier sehr geschätzt. Europäische Wachteln sind heute hauptsächlich im Süden Europas angesiedelt. In Deutschland ist ihr Bestand rückläufig, weil geeignete Lebensräume schwinden und sie auf ihrem Zugweg bejagt wurden. Inzwischen ist die Jagd nach ihnen verboten. Die Wachtelzucht hat in Deutschland, auch in Sachsen-Anhalt an wirtschaftlicher Bedeutung gewonnen.

Das Wort „Kloß", das vom althochdeutschen „kloz" für Klumpen, Knolle oder Kugel abstammt, gab es zwar schon lange vor dem Jahr 1000, allerdings nicht im Zusammenhang mit dem in unseren Gebieten beliebten Kartoffelkloß. Dieser konnte erst nach der Entdeckung Amerikas durch Christoph Kolumbus im Jahre 1492 erfunden werden. Der Ursprung seiner Grundsubstanz, der Kartoffel nämlich, ist in Südamerika zu finden, genauer: im damaligen Inkareich, den Anden.

Trotzdem sollte es noch über drei Jahrhunderte dauern, bis sich die Kartoffel in ganz Deutschland, und somit auch an Saale und Unstrut, zu einem populären Grundnahrungsmittel entwickeln würde. Mitte des 16. Jahrhunderts gelangte sie über Spanien und England nach Europa. Hier allerdings war die Kartoffel wegen ihrer weißen Blütenpracht erst einmal länger als ein Jahrhundert in den Ziergärten verschiedener königlicher Höfe lediglich schön anzuschauen. Von dort gelangte die Knolle dann dank Caspar Bauthin auch zu ihrer bis heute gültigen lateinischen Bezeichnung *solanum tuberosum esculentum*, was soviel wie „essbarer knolliger Nachtschatten" bedeutet.

Im Jahr 1646 heiratete der brandenburgische Kurfürst und Herzog von Preußen Friedrich Wilhelm (1620-1688), auch der „Große Kurfürst" genannt, Henriette von Oranien, die Tochter eines niederländischen Statthalters. Angeregt durch die botanischen Gärten, die er im Heimatland seiner Frau gesehen hatte, ließ Friedrich Wilhelm 1647 seinen eigenen Lustgarten nach deren Vorbild anlegen. Dazu gehörte neben dem Anbau von Orangenbäumen und Tulpen auch der Import der ersten „Tartufeln".

Um 1756 trug Friedrich der Große von Preußen, der von 1740 bis 1786 regierte, die Verantwortung für die flächendeckende Verbreitung der Kartoffel. Seine Propagandafeldzüge und der von ihm erlassene staatliche Befehl zum landesweiten Kartoffelanbau machten die Kartoffel allmählich populär. Allerdings gibt es ausreichend Belege dafür, dass schon Anfang des 18. Jahrhunderts ohne Verordnung in einigen Regionen Deutschlands die Kartoffel großflächig als Nahrungsmittel angebaut und verzehrt wurde. In Marbachs *Chronik von Schöneck* (Vogtland) beispielsweise werden 1731 sogar schon die aus der Kartoffel gemachten Klöße als allgemein verbreitete Speise genannt. Darin heißt es: „Die weißen Erdaepfel sind nebst den Klößen in allen Häusern die ordinäre Zukost."

Das 18. Jahrhundert war von wiederkehrenden Missernten und darauf folgenden Hungersnöten geprägt. Die viel besser als

rechte Seite: Von den Schweigenbergen nahe der Stadt Freyburg flankiert, mündet die Unstrut später am Blütengrund zwischen Kleinjena und Naumburg als wasserreichster Nebenfluss in die Saale.

die meisten Getreidesorten an kältere Temperaturen, an feuchteres Klima und unfruchtbarere Böden angepasste Kartoffel hielt darum zwangsläufig Einzug auf den deutschen Speisekarten. Oft wurde sie sogar als Ersatz für nicht vorhandene Dinge genutzt. Kreationen wie „Falsche Bratwürste", „Kartoffelpudding" oder sogar „Kartoffelseife" entstanden.

Die Kartoffel kann man guten Gewissens als ein „aufsteigendes Kulturgut" bezeichnen. Sie durchlief nicht den üblichen Weg „von oben nach unten" durch die sozialen Schichten, sondern genau den umgekehrten. Aufgrund des großen Nährwertgehalts von Kloß- und Kartoffelgerichten und der preiswerten Herstellung handelte es sich dabei schon bald um ein „Arme-Leute-Essen", doch die hier angeführten „Burgenländer Weinklöße" stehen als Beispiel für eine exklusivere Variante des Kartoffelgenusses.

(Stephan Mühl)

Kartoffel

Weltweit soll es ca. 10 000 Kartoffelsorten geben, wovon in Deutschland allerdings nur ca. 200 Arten zugelassen sind. Darunter gibt es durchaus kurios klingende Namen wie Bettina, Doris, Forelle oder Lambada. Man unterteilt die Knollen entsprechend ihres Stärkegehaltes in drei Grundtypen: „festkochend", „vorwiegend festkochend" oder „mehlig kochend". Die ersten Kartoffeln wurden vor ungefähr 7000 Jahren in den Anden (Südamerika) von den Inkas angebaut und „Papas" genannt. Die ältesten Nachweise für Wildkartoffeln allerdings werden auf 13 000 Jahre geschätzt. Sie wurden in Südchile gefunden.

Burgenländer Weinklöße mit gefüllten Wachteln und Champignons

Klöße

Die Burgenländer Weinklöße sind eine besondere Variante der gängigen Halb & Halb-Kartoffelklöße und daher ähnlich einfach zuzubereiten. Einzig relevanter Unterschied ist, dass sie nicht wie üblich in Wasser, sondern in einem trockenen Weißwein des Saale-Unstrut-Gebietes gegart werden und somit eine besondere Note erhalten.

1 kg Kartoffeln
Kartoffelstärke bzw. Kartoffelmehl
Salz
Muskat (optional)
2 Scheiben Weiß- oder Toastbrot
Butter
ca. 2 l trockener Weißwein von Saale und Unstrut

Einen Teil (500 Gramm) der ungekochten Kartoffeln schälen, waschen und reiben. In einem Geschirrtuch die Flüssigkeit kräftig herausdrücken und die Masse in eine Schale füllen. Die andere Hälfte der Kartoffeln schälen, kochen, pürieren und dann zu der rohen Kartoffelmasse geben und untermengen. Alles leicht salzen und etwas Kartoffelstärke (Menge je nach Feuchtigkeit variieren) dazugeben. Früher wurde die ausgepresste Flüssigkeit oft in einer Schale aufgefangen, das Wasser vorsichtig abgegossen und die abgesetzte Kartoffelstärke der Kloßmasse zufügt, um das eventuelle Zerkochen der Kloßmasse zu verhindern.

Aus der fertigen Kloßmasse dann runde Klöße formen. Je nach gewählter Größe ergibt das 6–8 Stück. Wichtig beim Formen ist es, sich vor jedem Kloß die Hände mit kaltem Wasser anzufeuchten, damit die Masse nicht zu sehr daran hängen bleibt. In die Mitte der Klöße jeweils 2-3 in Butter geröstete Weiß- bzw. Toastbrotstückchen geben.

Zum Schluss den Weißwein in einen passenden Topf geben und zum Sieden bringen. Die Klöße dann in den Weinsud legen und bei geöffnetem Deckel ca. 20 Minuten darin ziehen lassen. Der Wein sollte nicht kochen.

Klöße herausnehmen, abtropfen lassen uns heiß servieren.

Gefüllte Wachteln

4 Wachteln
1 Orange
1 Apfel
4 große Zwiebeln
Wacholder
Piment
Lorbeer
Beifuß
Salz
Pfeffer
Wurzelwerk

Den Apfel und die Orange schälen, vierteln und die bereits ausgenommenen Wachteln damit füllen (Menge je nach Größe). Dann die Wachteln mit Salz und Pfeffer würzen. Die Zwiebeln ebenfalls vierteln und dazugeben. Die Wachteln von allen Seiten goldgelb anbraten, mehrfach ablöschen und zum Schluss mit Geflügelbrühe auffüllen. Gewürze wie Lorbeer, Piment, Beifuß und Wacholder hinzugeben. Das Ganze dann bei 180° (Umluftherd) in einer geeigneten Pfanne in die Backröhre schieben und ca. 40 Minuten garen lassen. Ab und zu mit dem entstandenen Bratensud übergießen, um Austrocknung zu verhindern. Den Fond mit dem Wurzelwerk pürieren, damit die Soße gebunden wird.

Champignons

250 g kleinere Champignons

Die Champignons waschen, putzen und in einem Stück belassen. Diese dann ca. 15 Minuten in heißer Butter schwenken und am Ende nach Belieben Kräuter darüber streuen.

Durch die Bevölkerungsverluste des Dreißigjährigen Krieges entspannte sich vorerst die Versorgungslage. Viele mittelalterliche Traditionen waren verschwunden. Der Speisenhorizont erweiterte sich aber nicht. Die Folgen des Krieges waren im 18. Jahrhundert überwunden, doch mussten viele Menschen wieder hungern. Diejenigen, die sich einen „dicken Brocken" an Land zogen, konnten sich glücklich schätzen. In der Zeit des Hungers ging es oft nur ums Überleben.

Das Weißenfelser Fischerstechen
Ein Hecht für den sächsischen Kurfürsten

Blick auf die Stadtkirche in Weißenfels vom Georgenberg aus

Blick auf Schloss, Innenstadt und Marienkirche vom Klemmberg aus

Wir schreiben das Jahr 1781. Es ist der Tag vor der Einweihung der neuen Saalebrücke in Weißenfels. In der ganzen Stadt herrscht große Aufregung, da der Kurfürst Friedrich August III., der Gerechte (1750–1827), erwartet wird. Sogar das allseits beliebte Fischerstechen soll ihm zu Ehren aufgeführt werden. Jungfischer Johann Kleinicke lässt sich davon nicht allzu sehr beeindrucken. Erschöpft von den Vorbereitungen für das große Fest lässt er den anstrengenden Tag beim gemütlichen Angeln an der Saale ausklingen.

Bald griff Johann Kleinicke aufgeschreckt nach seiner Angelrute, scheinbar hatte etwas angebissen. Kurz vor dem Ufer erkannte er, dass sich leider nur ein kleiner Barsch an seinen Köder verirrt hatte. Da er bereits zwei Flusskrebse gefangen hatte, benötigte er dieses kleine Fischlein nicht mehr für sein Abendbrot. Er überlegte, ob er den Barsch mit einem Haken versehen sollte, um ihn als Lebendköder zu verwenden. Mit etwas Glück könnte er damit vielleicht einen der ertragreichen Lachse fangen. Gesagt, getan. Als er sich gerade wieder gemütlich ins Gras niederlassen wollte, riss es ihm fast die Rute aus der Hand. Unter Aufwendung all seiner Kraft und Geschicklichkeit konnte er den Fang nach über einer halben Stunde lan-

Weißenfelser Tradition, dem Fischerstechen entwachsen: Wettkampf der Boote auf der Saale

den. Am Ufer dann erkannte er, welch seltenen Fisch er gefangen hatte: einen besonders kapitalen Hecht von mindestens 20 Pfund. Hechte waren gegenüber Plötzen, Schleien sowie Welsen und Karpfen sehr selten zu fangen, besonders von solcher Größe.

Als dies die Runde machte, beschloss der Fischerzunftmeister, die Festtafel zur Einweihung der Saalebrücke mit dem über 20 Pfund schweren Prachtstück zu schmücken. Als Belohnung für diesen kapitalen Fang wurde Johann Kleinicke die Ehre zu Teil, am Fischerstechen teilnehmen zu dürfen. Dieses sollte am nächsten Tag zur Belustigung von Kurfürst Friedrich August aufgeführt werden. Johann hatte schon oft die Geschicklichkeit der erfahrenen Fischer bei solchen Schaukämpfen bewundert.

Am nächsten Tag stand er aufgeregt am Saaleufer und beobachtete die anderen Kämpfer. Leichtfüßig standen sie auf dem Bug ihres Kahns und versuchten, sich gegenseitig mit den drei Meter langen Ruderlanzen vom Boot zu stoßen. Als er selber auf dem Bug seines Kahns stand, hatte er alle Mühe, mit

Blick von der Saalebrücke in Weißenfels.
Durch die im Siebenjährigen Krieg zerstörte Saalebrücke in Weißenfels war der Durchgangshandel erheblich eingeschränkt. Die Brücke wurde in den Jahren 1780/81 wieder aufgebaut.

Das Geleitshaus und der Marktbrunnen

der schweren Ruderlanze sein Gleichgewicht zu halten. Nachdem sein Steuermann ihn auf die Höhe seines Gegners manövriert hatte, ertönte das Startsignal. Kaum hatte der Kampf begonnen, wurde er schon von der Lanze seines Gegners getroffen. Schwankend schlug er mit seiner Lanze um sich. Als er sich einigermaßen gefangen hatte, blickte er in Richtung seines Gegners. Zu Johanns großer Überraschung kletterte dieser gerade pitschnass wieder auf seinen Kahn. Scheinbar hatte er ihn ins Wasser gestoßen.

Der Markt mit Rathaus und Marienkirche

Deswegen durfte er in die nächste Runde einziehen. In dieser hatte er weniger Glück, bereits der erste Stoß ließ ihn in die

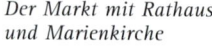

Saale fallen. Glücklich schwamm er ans Ufer zurück, hatte er es als Anfänger doch immerhin in die zweite Runde geschafft. Dort mischte er sich unter die jubelnden Zuschauer, um die weiteren Kämpfe zu verfolgen. Nach dem Stechen zeigten die Fischer ihre Fähigkeiten im Schwimmen, Tauchen und Bootfahren. Im Laufe des Tages durften auch andere Weißenfelser Zünfte den Schaulustigen ihr meisterliches Können präsentieren.

Am Abend waren all die heldenmütigen Kämpfer, darunter auch Johann Kleinicke, sowie viele angesehene Bürger und Einwohner der Stadt zu einem köstlichen Mahl mit anschließendem Tanz geladen. Freudig blickte Johann auf seinen Hecht unter all den kostbaren Speisen. Da gab es allerlei gebratenen und gesottenen Fisch, Wild, Rind, Geflügel, Fasane, Wachteln, Pasteten, Reis, Gemüse, Obst und Torten, soweit das Auge schauen konnte. Mit reichlich Bier und Wein wurden die Sieger des Tages gefeiert. Auch Johann Kleinicke wurde zu seinem großartigen Fang und zum wackeren Kampf beglückwünscht. Den Tag der Brückenweihe würde er für immer in guter Erinnerung behalten. Ihm war bewusst, dass nur wenigen das Glück so hold war wie ihm, der den Hecht seines Lebens gefangen hatte.

(Katja Hantschick und Sarah Schoberth)

Kavaliershäuser

Die Fürstenhäuser

Fänger unter weißen Felsen

Die Weißenfelser Fischerei an der Saale

1185 gründete Markgraf Otto der Reiche von Meißen eine Siedlung. Diese wurde planmäßig an einem strategisch bedeutenden Punkt angelegt. Neben einem wichtigen Saaleübergang kreuzten sich die von Halle nach Böhmen verlaufende Osterländische Salzstraße und die Westoststraße, die Königsstraße, von Frankfurt am Main nach Leipzig.

Die Siedlung wuchs im Schutze der Burg rasch heran und bekam 1198 ihr erstes Wappen mit drei runden Türmen verliehen. Der Name Weißenfels geht auf die Lage der Burg – unter „weißen Felsen" – zurück. Im 13. Jahrhundert entwickelte sich Weißenfels dank der günstigen Lage an der Saale zu einer regional bedeutenden Fischer- und Handwerksstadt. Markgraf Dietrich verlegte mit seinem Sohn Friedrich den Schwerpunkt ihrer Herrschaftsausübung von Landsberg nach Weißenfels. Als Zentrum aller wettinischen Landesteile besaß die Stadt zeitweilig eine eigene Münze und erhielt 1291 Zoll- und Geleitfreiheit für sämtliche Waren innerhalb dieser Landesgrenzen.

Neben der Pest und verheerenden Stadtbränden litt Weißenfels im Spätmittelalter auch unter kriegerischen Auseinandersetzungen. So standen 1429 die Hussiten vor den Stadtmauern und beschossen den Ort. Im Dreißigjährigen Krieg zerstörten schwedische Truppen die auf weißem Sandstein erbaute Burg. Auf deren Platz wurde von 1660 bis 1694 das Residenzschloss Neu-Augustusburg für die wettinische Zweiglinie der Herzöge von Sachsen-Weißenfels vom thüringischen Schlossbaumeister Moritz Richter und dessen gleichnamigem Sohn erbaut. Die dreiflügelige Schlossanlage zählt zu den größten ihrer Art in Mitteldeutschland. Nach dem Tod des letzten Weißenfelser Herzogs, Johann Adolf II., im Jahre 1746, wurde das Schloss anderweitig genutzt: während der Befreiungskriege als Lazarett, seit 1820 als Kaserne sowie nach dem Zweiten Weltkrieg als Notwohnung für Umsiedler. Später diente der Bau als Kindergarten und beherbergte die Fachschule für Museumswesen. Seit 1964 befindet sich im Schloss das städtische Museum.

Die Weißenfelser Fischerinnung soll zu den ältesten der Stadt gehören. Ihre Gründung geht auf den thüringischen Landgrafen Ludwig den Springer zurück. Dieser hatte den Weißenfelser Fischern für ihre Hilfe bei seiner Flucht von der Burg Giebichenstein in Halle die Fischrechte von Sulza bis Burg Giebichenstein sowie in der Unstrut übergeben. Die Saalefischer waren auch später für die Fischversorgung des Herzogshofes und der Bürger zuständig. Als Dank für die köstlichen Fische wurden ihnen viele wertvolle Geschenke, Stiftungen und Vorrechte vermacht. Die Herzöge wählten immer einen der Weißenfelser Fischer für das Amt des Hoffischers aus. Dieser hatte sich um die großen Fischteiche auf dem Gebiet der heutigen Promenade zu kümmern.

Seit 1462 ist die Weißenfelser Fischerzunft mit einem Zunftbrief ausgestattet. Die Fischerei wurde hier als gelerntes Handwerk betrieben. Eine Meisterlehre dauerte mindestens drei Jahre und endete mit einer Abschlussprüfung. Im Jahre 1500 wurden zwölf Meister gezählt, 1675 gab es bereits 18 Fischermeister und 1813 sogar 52.

Die einsetzende Industrialisierung, die Mühlenbetriebe mit ihren erhöhten Wehren, die Begradigungen des Flusslaufes und die Einleitung salzhaltiger Lösungen der Salzbergwerke ließen den Fischreichtum der Saale von über 35 Fischarten zurückgehen. Dazu hatten Aale, Barsche, Lachse, Kaulbarsche, Quappen, Rotfedern, Plötzen, Schleien, Karpfen, Welse, Weißfischarten sowie Krebse gezählt. Bald konnten die Fischer nicht mehr vom Fischfang allein leben. Sie ergänzten ihr Einkommen durch den Handel mit Holz sowie durch das Betreiben von Flussfähren, Badeanstalten und Fischgeschäften. Bis zum Anfang des 20. Jahrhunderts waren das Schuh- und das Fischereihandwerk die wichtigsten Wirtschaftsfaktoren in Weißenfels.

Im Jahr 1548 wurde erstmals ein Fischerturnier auf der Saale durchgeführt. Dieses Fischerstechen wurde anlässlich des Einzuges von Herzog August von Sachsen mit seiner Gemahlin Anna von Dänemark veranstaltet. Auch die späteren Herzöge Georg und Christian fanden viel Freude an dem Schauspiel. Zu besonderen Anlässen der Landesherren wurde das Fischerstechen immer wieder inszeniert: zur Einweihung der Herrenmühlenschleuse, 1846 bei der Eröffnung der Teilstrecke der Thüringer Eisenbahn von Halle nach Weißenfels sowie 1857 beim Besuch des Admirals Prinz Adalbert von Preußen. Auch 1781 bei der Einweihung der neuen Saalebrücke durch Kurfürst Friedrich August konnten die Fischer beim Fischerstechen die Beherrschung ihrer Boote und ihre Schwimmkünste unter Beweis stellen.

Das Fischerstechen ist auch heute noch nicht völlig verschwunden. Anlässlich der 800-Jahrfeier von Weißenfels fand es zuletzt 1985 statt. Auch in anderen Städten, wie Bad Cannstatt, Bad Kreuznach, Bamberg, Halle, Nürnberg oder Ulm, wird die Tradition des Fischerstechens heute noch ausgeübt.

(Katja Hantschick und Sarah Schoberth)

Die Saale in Weißenfels

Letzte Rettung: Fisch

Früher bestimmte oft der Kirchenkalender den Speiseplan. Besonders während der Fastenzeit zwischen Aschermittwoch und Ostern hatten die Fischer sehr viel zu tun, da der Genuss von Fleisch verboten war. Stockfisch und Salzhering waren trotz großer Entfernungen zur Küste relativ billig. Süßwasserfisch war in allen Gebieten teuer und galt als eine Kostbarkeit auf den Tafeln der Reichen, die sich deshalb neben den Jagdrechten auch die Fischrechte in Teichen und Flüssen sicherten.

Weißenfelser Hecht in Bierteig

Hecht

4 Hechtfilets
Saft von 2 Zitronen
Salz
Pfeffer

Bierteig

250 ml helles Bier
250 g Mehl
2 Eiweiß
Bratfett

Bier in eine Schüssel geben, Mehl unter ständigem Rühren einsieben. Den entstandenen zähflüssigen Teig etwa 30 Minuten ruhen lassen. Hechtfilets säubern, mit dem Saft von zwei Zitronen beträufeln, etwa eine Viertelstunde säuern lassen. Anschließend salzen, pfeffern und in Mehl wenden.

In den Bierteig vorsichtig zwei steif geschlagene Eiweiße unterheben. Gemehlte Filets einzeln durch den Bierteig ziehen und sofort in einer Pfanne oder Fritteuse von beiden Seiten in heißem Fett ausbacken.

Rote Beete-Salat

Zwei gekochte und geschälte Rote Beete
4 Möhren
Zwiebel
Essig
Öl

Rote Beete in Scheiben oder Streifen schneiden. Geschälte Möhren und die Zwiebel in kleine Würfel schneiden, mit der Roten Beete vermengen, anschließend pfeffern und salzen. Soße aus Essig, Öl und Wasser dazugeben. Salat mindestens eine halbe Stunde ziehen lassen.

Reis

    400 g Wildreis
    5 Pimentkörner
    2 Lorbeerblätter
    1 kleine Zwiebel
    Salz
    Pfeffer

Die Zwiebel schälen, vierteln und zusammen mit Pimentkörnern und Lorbeerblättern in kochendes Salzwasser geben. Reis dazu geben und je nach Angabe kochen. Vor dem Servieren Zwiebel, Piment und Lorbeerblätter entfernen.

Kräutersoße

    600 ml Milch
    200 ml Sahne oder Creme Frâiche
    80 g Kräuter (z. B. Petersilie, Schnittlauch, Dill, Thymian)
    30 g Mehl
    Pfeffer
    Salz
    Zitronensaft
    Weißburgunder von Saale und Unstrut

Milch und Mehl in einem Topf gut miteinander verquirlen und unter ständigem Rühren zum Kochen bringen. Handelt es sich um frische Kräuter, diese waschen und klein wiegen. Sahne oder Creme Frâiche sowie Kräuter hinzufügen und noch einmal kurz aufkochen. Mit Pfeffer, Salz, Zitronensaft und Weißwein abschmecken.

Ein kulinarisches Fragment

Novalis, die Dattel und der Hunger nach dem Fremden

Novalis-Gedenkstätte mit
Pavillon
Klosterstraße 24
06667 Weißenfels

Der Pavillon befindet sich neben dem einstigen Wohnhaus des Dichters.

„Das ewige Umherreisen macht mich ganz konfus", schrieb der aus Oberwiederstedt bei Hettstedt stammende Georg Philipp Friedrich Freiherr von Hardenberg alias Novalis seinem Freund Friedrich Schlegel. Der Jurist, Salineninspektor und Bergbauingenieur bewegte sich vom thüringischen Tennstedt bis ins sächsische Freiberg, studierte in Jena, Leipzig, Wittenberg. Seine Wanderungen bestritt er vor allem durch Lektüre im eigenen Heim. Im tatsächlichen Leben nicht weiter als über das Erzgebirge zu einem Kuraufenthalt ins böhmische Teplitz gereist, überwand Hardenberg weite Distanzen und für unüberwindbar gehaltene Grenzen am Schreibtisch durch seine geistige Rastlosigkeit. Er war einer der vielen Zeitgenossen jener Jahre, die Susanne Zantop als „armchair conquistadoren" bezeichnete, als Lehnstuhleroberer.

Von seiner „Insel" Weißenfels, die er mit den Eltern im Jahre 1785 betreten hatte und auf die er immer wieder zurückkehren sollte, schrieb er in einem Brief an seinen Freund Friedrich Brachmann in Leipzig, dass dieser im „Pleiß-Athen" umgeben sei von Kultur, während er im Land am Saalebogen „fern von den Musen und ihren Tempeln" lebe. Der lebenshungrige Novalis war schon früh auf der Suche nach Herausforderungen: in einem Landstädtchen, das von den Auswirkungen einer Handelskrise nach dem von Sachsen verlorenen Siebenjährigen Krieg gebeutelt war. Er arbeitete und träumte dem Unendlichen entgegen. 1794 schrieb er an Friedrich Schlegel, den er während seines Studienaufenthaltes in Leipzig kennengelernt hatte: „Heutzutage muss man mit dem Titel Traum doch nicht so verschwenderisch sein."

Es war eine Zeit der Träume und der Reiselust in den vielen deutschen Staaten. Die Auswirkungen des Dreißigjährigen Krieges schienen im 18. Jahrhundert endgültig überwunden. Auf neuen Straßen wurden nicht nur Handelswaren in alle Richtungen transportiert, sondern auch neues Gedankengut und der Geschmack einer antimonarchistischen Emanzipationsbewegung. Die Deutschen träumten von entfernten Ländern und einer „bürgerlichen Freiheitsidee". Sie lasen gern Reiseliteratur und waren sich in ihrem zersplitterten Territorium so nah und doch manchmal sehr fremd.

„Alles Genießen, Zueignen und Assimilieren ist Essen, oder Essen ist vielmehr nichts als eine Zueignung. Alles geistige Genießen kann daher durch Essen ausgedrückt werden."
(Novalis: Fragmente)

Man schaute auch wieder in Richtung Südosten. Das von Vorurteilen geprägte Bild blutrünstiger Antichristen verblasste und wich einer immer größer werdenden Neugier. Den Europäern wurde das hohe kulturelle Niveau der muslimischen Gesellschaften – wie auch schon in früheren Zeiten – wieder bewusst. Der geheimnisvolle Orient wurde zum Synonym für Reichtum, kulinarische Genüsse und unbegrenzte sexuelle Möglichkeiten. Während das 1529 und 1683 bis an die Tore Wiens vorgedrungene Osmanische Heer Angst und Schrecken verbreitete, erzeugte die langsame Entmachtung des Osmanischen Reiches im 18. Jahrhundert ein neues Selbstbewusstsein gegenüber den ehemaligen Besatzern Südosteuropas.

Die Faszination für die entfernten Welten des Nahen Ostens entwickelte sich im Schatten der Aufklärung sehr schnell von Frankreich aus in allen europäischen Ländern. Die Uraufführung von Mozarts *Entführung aus dem Serail* (1782), Lessings *Nathan der Weise* (1779), Goethes *Iphigenie auf Tauris* (1779), Wielands *Oberon* (1780) oder die Übersetzungen von *Tausendundeiner Nacht* (1707/1823) waren Sinnbilder des Enthusiasmus für exotische Kultur.

Novalisbüste im Stadtpark in der Dichterecke

Das Novalishaus: Das Barockgebäude wurde um 1680 als Witwensitz für die Frau des ersten Weißenfelser Herzogs August errichtet. Mit der Ankunft der Familie von Hardenberg wurde hier 1787 das sächsische Salineamt eingerichtet.

Grüner Weg zum Stadtpark entlang der historischen Stadtbefestigung (Pulver- und Wachturm)

Die mythische Welt der Türken, Perser und Araber wurde für viele zur Projektionsfläche eigener Wunschgedanken. Die Wünsche des romantischen Literaten und zielstrebigen Pragmatikers Novalis führten in alle Richtungen auf der ständigen Suche nach dem eigenen Selbst. Im *Allgemeinen Brouillon* 1798/99 bemerkte er: „Philosophie ist eigentlich Heimweh – Trieb überall zu Hause zu seyn".

Seine Heimat wurde die Poesie. Hardenberg bestellte bis zum 25. März 1801 dieses weite Feld und reiste in andere, ideelle Welten. Er starb in Weißenfels an der Schwindsucht im Beisein seines Bruders Karl und des Freundes Friedrich Schlegel. Die politischen Grenzen in heimatlichen Gefilden waren auch nach dem Tode Hardenbergs eng gesteckt. Die Deutschen eroberten in Gedanken weiter und mussten später mit ansehen, wie sich die Truppen Napoleons langsam durch ihre Regionen fraßen.

Orientalische Waren und Genussmittel waren ab Mitte des 18. Jahrhunderts sehr beliebt in deutschen Landen, auch Datteln gehörten zur kulinarischen Bereicherung. Von den Römern aus Ägypten und Asien in den später so bezeichneten deutschen Westen und Süden gebracht, im Mittelalter von den Mönchen geschätzt, setzte die Dattel ihren langsamen Siegeszug bis ins Saaletal fort. Beweist der Schleckwedaer Ziegenkäse, der den Namen Zarathustras trägt, dass auch die Provinz kosmopolitisch dachte und dinierte?

(Timo Groß)

Literatur

Bach, Ingo: Weißenfels am Ende des 18. Jahrhunderts und das sozialkulturelle Umfeld der Familie Hardenberg. In: Sent, Eleonore (Hg.): Bergbau und Dichtung – Friedrich von Hardenberg (Novalis) zum 200. Todestag. Weimar 2003.

Berman, Nina: Orientalismus, Kolonialismus und Moderne. Zum Bild des Orients in der deutschsprachigen Kultur um 1900. Stuttgart 1996.

Kontje, Todd: Ein Weltbürger aus der Provinz. Novalis, Europa und der Orientalismus. In: Sent, Eleonore (Hg.): Bergbau und Dichtung – Friedrich von Hardenberg (Novalis) zum 200. Todestag. Weimar 2003.

Ritter, Heidi/Eva Scherf: Die Weltseele durchlebt alles. Die vergessene Geschichte der mitteldeutschen Romantik. Halle 2006.

Rommel, Gabriele/Ludwig Stockinger: Novalis und die Aufklärung. Katalog zur Ausstellung im Novalis-Schloss Oberwiederstedt und im Romantikerhaus Jena. Wiederstedt 2004.

Zantop, Susanne: Kolonialphantasien im vorkolonialen Deutschland (1770–1870), Berlin 1999.

Des Propheten Leibspeise

Zarathustra und der Ziegenkäse von Schleckweda

Käse zählt zu den ältesten und beliebtesten Essensgenüssen der Welt. Die Anfänge einer „Käsekultur" sind schon in der Steinzeit zu finden, als die Menschen sich zu Ackerbauern und Viehzüchtern wandelten und mit der Haltung von Ziegen, Schafen und später auch Kühen die Käseherstellung begann. Danach wurde die Käsekunst von ihrem Herkunftsgebiet aus, dem vorderasiatischen Raum, in die ganze Welt verbreitet, immer wieder weiterentwickelt und mit raffinierten Zutaten veredelt.

Schon der altiranische Religionsstifter und Prophet Zarathustra war ein ganz besonderer Käseliebhaber. Von ihm und seiner Lehre ist nur sehr wenig überliefert. Dass er den Käse, der seit etwa 3000 v. Chr. in Mesopotamien bekannt war, ausnehmend gern mit frischen Datteln verzehrte, ist bekannt. Zarathustras Lehre hatte neben skeptischen Gegnern auch zahlreiche Anhänger, die seine Botschaften in die Welt hinaustrugen. Die Händler und Kaufleute, Gelehrten und Philosophen brachten nicht nur die Lehre Zarathustras mit nach Europa und Deutschland, sondern auch die Datteln sowie die Kreation ihres Propheten: Datteln mit Ziegenkäse.

Auch die kulinarische Geschichte der Dattel ist schon mehrere Jahrtausende alt. Ihre Hauptanbaugebiete waren über das Prophetenland Zarathustras hinaus Afrika, Australien, aber auch Griechenland und Teile Lateinamerikas. Von dort aus

---

Zarathustra

Zarathustra wurde zwischen 1700 und 1400 v. Chr. im Nordosten des Irans geboren. Seine Lehre beruhte auf drei Fundamenten: „weises Denken", „weises Reden" und „weises Wirken". Die Botschaften Zarathustras beunruhigten damals religiöse Würdenträger und weltliche Machthaber. Er wurde verbannt, fand in der neuen Heimat wieder Vertreter seiner Lehre und starb angeblich mit 77 Jahren. Seine Lehre ist bis heute verbreitet und hat weltweit etwa 120 000 Anhänger, die meisten in Indien.

Auf dem Ziegenhof Schleckweda wird die Milch der Ziegen in der hofeigenen Käserei zu verschiedenen Rohmilchkäsesorten verarbeitet. Die Käser-Familie Blume verwendet nur ökologische Zutaten.

wurde die subtropische Frucht schon früh in viele Länder der Erde exportiert. Bis heute ist die süße und kohlehydratreiche Frucht in vielen Teilen der Welt bekannt. Sie wird vielseitig beim Kochen eingesetzt, ob herzhaft oder mit Marzipan versüßt. Am besten jedoch lassen sich Datteln mit Ziegenkäse genießen.

Es begab sich also, dass sich eines schönen Tages zwei Gelehrte aus Persien auf den Weg nach Europa machten. Als Proviant hatten sie einen Käselaib, Fladenbrote, Gewürze und Datteln in ihren Umhängetaschen aus Leder. Während ihrer monatelangen und beschwerlichen Reise überquerten sie den Kaukasus sowie Teile der Karpaten. Sie reisten zu Fuß, mit dem Pferd oder mit der Kutsche durch viele verschiedene Länder, bis sie schließlich Europa erreichten. Die Leute waren sehr interessiert und neugierig, was die Fremden zu erzählen hatten. Aber ganz besonders aufregend fanden sie die exotischen Früchte und Gewürze, die sie mitbrachten.

Käse war den Menschen in Mitteleuropa schon länger bekannt. Die Kelten hatten ihn im 4. Jahrhundert v. Chr. über die Alpen nach Mitteleuropa gebracht. Die Kombination des Käses mit den exotischen Datteln aber war ihnen neu. Doch bald verbreitete sich die besondere Leibspeise des Propheten Zarathustra. Sogar bis in das heutige südliche Sachsen-Anhalt gelangte das Rezept, das die beiden Perser mitgebracht hatten. So wie sich der Transport von Käse mit der Erfindung der Eisenbahn vereinfachte – in Deutschland ab 1835 –, kam nun auch die Dattel leichter und schneller ins Land. Die Menschen konnten die exotischen Früchte aus dem fernen Mesopotamien genießen, wann immer sie wollten. Nachdem die Dattel den ersten Abschnitt per Schiff zurückgelegt hatte, konnte sie auf dem sich schnell entwickelten Eisenbahnnetz quer durch Deutschland transportiert werden.

In Schleckweda, das in den Ausläufern des Vogtlandes zwischen Zeitz und Gera in der Idylle zwischen Weißer Elster und den hügeligen Wäldern des Droyßiger Forstes liegt, wird bereits seit dem 18. Jahrhundert Ziegenkäse hergestellt und auch mit Datteln zubereitet.

(Juliane Maywald)

Dattel

Auf etwa 14 000 v. Chr. datierte man erste Früchte anhand gefundener Kerne. Aus Mesopotamien gelangte ca. 3000 v. Chr. die Dattel nach Pakistan, Marokko und Ägypten. Es gab sogar Versuche, die Dattelpalme in Rom und in Griechenland anzupflanzen. Das Klima war zu kalt. So blieben die Römer auf den Import von Datteln angewiesen.

Im Gewölbekeller aus Naturstein reifen junge Käseleibe bis zur Genussreife.

Ziegenhof Schleckweda
Elsterstraße 4
06722 Wetterzeube
Telefon: (03 66 93) 2 27 47
www.ziegenhof-schleckweda.de

Zarathustras Ziegenkäse mit getrockneten Datteln

400 g frischer Ziegenkäse vom Ziegenhof Schleckweda
1 Stück Schinkenspeck
12 getrocknete Datteln
5 Esslöffel Weinessig von Saale und Unstrut
1/4 l dunkler Bratenfond
Olivenöl

Die Datteln und den Ziegenkäse in Würfel schneiden und mit je einer Scheibe Schinkenspeck umwickeln. Anschließend die Speckwickel mit Olivenöl in der Pfanne goldgelb anbraten. Weinessig in einem Topf erhitzen und mit dem Bratenfond auffüllen. Dann alles bei mittlerer Hitze etwa zehn Minuten köcheln lassen. Nun die angebratenen Speckwickel auf dem Essig-Saucenspiegel anrichten.

Dazu einen frischen Blattsalat der Saison und warmes Fladenbrot reichen.

Das Bürgertum orientierte sich am Adel und ahmte diesen bei Tisch nach. Im späten 18. Jahrhundert hatten die Tischsitten in den vornehmen Häusern einen Standard erreicht, der sich danach in feinen Nuancen weiterentwickelte. Der Adel war stets bemüht, sich auch in Essgewohnheiten von den Bürgern abzuheben, doch viele Normen besaßen nun im Allgemeinen ihre Gültigkeit. Man aß nicht mehr mit den Fingern, sondern mit Messer und Gabel von Einzeltellern.

Champagnertradition in Freyburg

Die Rotkäppchen Sektkellerei

Rotkäppchen Sektkellerei

Die Geschichte des Sekthauses Rotkäppchen-Mumm begann am 26. September 1856, als die Brüder Moritz und Julius Kloss gemeinsam mit Carl Foerster in Freyburg an der Unstrut eine Weinhandlung gründeten. Etwas später entschlossen sie sich, neben dem Weingeschäft eine Champagner-Kellerei zu errichten. Sie nannten sich nun Freyburger Champagner-Fabrik-Gesellschaft. Jedoch währte das Leben der Fabrik nicht lange. Der Betrieb wurde eingestellt, versteigert und von den Hauptakteuren der Sektkellerei Kloss und Foerster wieder aufgekauft. 1861 stellte man den Sekt erstmals auf der thüringischen Gewerbeausstellung der Öffentlichkeit unter den Namen *Monopol*, *Crémant Rosé* und *Lemartin Fréres* vor.

Zu jener Zeit erreichte auch die Eisenbahn Freyburg und die Firma erhielt einen eigenen Sektwaggon, der den sicheren Transport zu jeder Jahreszeit gewährleistete. Ein schnelles Wachstum der Firma führte dazu, dass der Sekt auf der Weltausstellung in Chicago 1893 die höchste Auszeichnung erhielt. Jedoch entstanden auch um 1887 schwere Verluste durch den Einfall der Reblaus.

Durch einen Namensrechts-Prozess mit der Champagnerfirma Heidsieck & Co Monopole in Epernay durfte der ursprüngliche Markenname Monopol ab 1894 nicht mehr verwendet werden. Er wurde durch Rotkäppchen ersetzt. Der Name Rotkäppchen bezieht sich auf die rote Aluminiumhaube einer jeden Flasche. Die Produktion stieg derart an, dass Zukäufe in Baden, in Württemberg, an der Mosel, im Rheingau und später auch in Lothringen erfolgten. Nun wurde auch der weite Hof der Kellerei gebaut und mit einem Glasdach überdeckt. 1896 entstand unter der Erde ein Meisterwerk. Aus 25 Eichen wurde Deutschlands größtes Cuvéefass mit einem Rauminhalt von 120 000 Litern konstruiert.

Die Inflationswirren des Jahres 1923 führten auch bei Rotkäppchen zu erheblichen Absatzverlusten. Eine Flasche kostete 1 928 000 Mark. Die Absatzzahlen gingen „in den Keller", die Preise in die Höhe. Mit dem Fall der Schaumweinsteuer 1933 entspannte sich die Situation, der Umsatz stieg wieder. Nach dem Zweiten Weltkrieg kam es 1946 zu einem Enteignungsbeschluss. Die Firma wurde verstaatlicht und als VEB Rotkäppchen Sektkellerei Freyburg weitergeführt.

In der DDR mauserte sie sich im Laufe der Jahre zu einem Vorzeigebetrieb im gesamten sozialistischen Wirtschaftsgebiet. 1956 wurde das Transvasierverfahren (Filtrationsenthefung) eingeführt. Neben dem Diabetikersekt kamen nun viele weitere

Sorten auf den Markt. Der steigenden Nachfrage konnte man nur durch Einführung des Großraumgärverfahrens gerecht werden. 1970 wurde die Sektkellerei in das Getränkekombinat Dessau eingegliedert, 1971 entstand der für Rotkäppchen bekannte „Mocca-Sekt".

Der steigende Sektdurst trug dazu bei, dass 37 Millionen Mark der DDR in Erweiterungsbauten investiert wurden. Schaffung neuer Kapazitäten, Änderungen der Produktionsverfahren und viele andere Dinge verhalfen der Firma zu weltweitem Ansehen. 1987 erreichte das Haus einen Spitzenabsatz von 15 Millionen Flaschen. Das herausragende Ereignis des Jahres 1988 war die 25. Verleihung des Titels „Betrieb der ausgezeichneten Qualitätsarbeit".

Nach 1990 ging der Absatz rapide zurück, das Unternehmen wurde in eine GmbH unter Führung der Treuhand umgewandelt. Plötzlich musste man sich der starken Konkurrenz aus dem Westen stellen. Auch tauchte nun die Nachfolgefirma-West auf, Kloss & Foerster aus Rüdesheim am Rhein, mit gesetzlich geschützten Markennamen. Es wurde verhandelt und die Firma Kloss & Foerster verkaufte ihre Namensrechte an die Rotkäppchen Sektkellerei. Die Sektmarke aus dem Osten war gerettet. 1993 gelangten die Anteile wieder in private Hände, und zwar in die der Geschäftsleitung und die der Familie Eckes-Chantré.

Mit der Zeit stieg auch die Nachfrage im Westen stetig an. Mittlerweile ist der Freyburger Sekt zu einer der größten und beliebtesten Marken Deutschlands geworden. Mit dem Trend des Sekttrinkens wurde der Sekt neben dem Wein auch zu einem beliebten Koch-Accessoire. Er wird zur Verfeinerung und Geschmacksverstärkung zu allen möglichen Speisen hinzugegeben, seien es Wild, Fisch oder Geflügel sowie Süßspeisen.

Im Jahr 2002 wurde das Unternehmen neuer Eigentümer der Sektmarken *Mumm*, *Jules Mumm* und *MM Extra* sowie der zugehörigen Standorte in Eltville am Rhein und Hochheim am Main. 2003 erfolgte die Übernahme der Geldermann Privatsektkellerei im badischen Breisach. Im November 2006 übernahm „Deutschlands Haus aus Sekt" das deutsche Geschäft der Eckes Spirituosen und Wein GmbH und stieg mit dem neuen Sortiment Rotkäppchen Qualitätswein ins Weingeschäft ein.

(Katharina Taubert)

Lamm Rubin

Wurzelgemüse wie Möhren (3–4) und Sellerie (2)
1 Zwiebel
1/2 l Rotkäppchen Sekt Rubin
1 Zweig Thymian
1 Lorbeerblatt
1 kleine Lammkeule (ca. 1 kg)
2 Esslöffel Olivenöl
5 cl Cognac oder Weinbrand
Salz, Pfeffer, Pfefferkörner

Möhren, Sellerie und Zwiebel schälen und in Scheiben schneiden, mit Thymian, Lorbeerblatt, Pfefferkörnern und Sekt in eine Schüssel geben. Lamm mindestens zwölf Stunden darin einlegen. Butter oder Olivenöl in einer Pfanne erhitzen, die gut abgetrocknete Lammkeule von beiden Seiten kurz anbraten, mit dem Cognac flambieren und danach salzen und pfeffern. Den Einlegesud aufkochen und das Fleisch mit dem Sud ablöschen. Lamm in einen großen Topf geben, mit dem restlichen Sud auffüllen und bei 180°C ca. 90 Minuten im Ofen garen. Nach der Garzeit wird der Sud durch ein Sieb gegossen und das Gemüse passiert. Die Soße dann aufkochen und je nach Bedarf und Menge mit saurer Sahne, Crème Fraîche sowie einem Esslöffel Tomatenmark und einem Esslöffel Preiselbeermarmelade abschmecken.

Dazu schmecken am besten im Schinkenspeckmantel gegarte grüne Bohnen. Mit Kartoffeln oder Klößen servieren.

Der bitter-süße Nachgeschmack

Wie die Schokolade essbar wurde

> Die bürgerliche Gesellschaft änderte seit dem 19. Jahrhundert das Essen völlig. Essen wurde zur Ware und später weitgehend Industrieprodukt. Im 20. Jahrhundert wurde der Hunger in unserer Gegend prinzipiell besiegt. Der Appetit aber wuchs: Appetit auf Besonderes und Regionales.

Die Schokolade wurde im 16. Jahrhundert aus Mexiko eingeführt. Sie verbreitete sich von Spanien aus an andere europäische Höfe und wurde – mit Vanille, Zucker, Zimt, Muskat oder Nelken gewürzt – als heißes Getränk verzehrt. Der sächsische Kurfürst Friedrich August I. (1670–1733) lernte die Schokolade auf seiner Kavalierstour durch Spanien, Frankreich und Italien kennen. Der preußische Schokoladenfreund Friedrich II. (1712 bis 1786) führte den exklusiven Trunk an seinem Hof ein.

Das substanzvolle Getränk war in katholischen Gebieten während der Fastenzeiten ein beliebter Nahrungsersatz. „Liquidum non frangit jejunum" (Flüssiges bricht das Fasten nicht), hieß die Devise der Liebhaber des süßen Trunks. Als weltliches Modegetränk im 17. und 18. Jahrhundert überall gehandelt, wurde Schokolade immer beliebter. Im späten 18. Jahrhundert hatten sich Schokoladenbetriebe unter anderem in Weimar, Berlin, Hannover, Kassel und Prag niedergelassen – der Weg vom Heißgetränk zur Essschokolade war nicht mehr weit.

Nach den Napoleonischen Kriegen genossen die Deutschen immer mehr Schokolade. Mit dem Wegfall der Zollgrenzen durch die Gründung des *Deutschen Zollvereins* und aufgrund der Senkung von Produktionskosten in den Betrieben wurde Schokolade immer billiger. Jetzt konnten sie nicht mehr nur die Aristokraten und gut betuchte Bürger bezahlen. Welch ein Genuss für die übrige Bevölkerung, für die man vorher vergeblich versucht hatte, einen geeigneten und billigeren Ersatz zu finden. Der süße Geschmack überwältigte die Massen in jener Zeit.

Die Luft im Zeitz-Weißenfelser Braunkohlenrevier aber schmeckte plötzlich bitter. Ab Mitte des 19. Jahrhunderts stieg der Brennstoffbedarf in der Region und dem Großraum Berlin erheblich. Die Entwicklung des Zuckerrübenanbaus und die damit verbundene Zuckerindustrie ließen ebenso dunkle Nebelschwaden durch das Gebiet ziehen.

Die Betriebe brauchten Kohle und es kam zur Inbetriebnahme von Veredlungsbetrieben, Schwelereien und Brikettfabriken. Es entstanden immer größere und leistungsfähigere Anlagen. Die braune Kohle fand durch den umfassenden Eisenbahnbau immer mehr Abnehmer. Der Tagebau, der dem Tiefbau vorgezogen wurde, da er geringe Abbauverluste garantierte, prägte die Region nachhaltig.

Die Lust auf süße Leckereien – aber nicht nur diese – ließ eine große Industrie entstehen. Im vorher agrarisch geprägten Mitteldeutschland wurde die Landwirtschaft mechanisiert, und

> Brikettfabrik „Herrmannschacht"
> Naumburger Straße 99
> 06712 Zeitz
> Telefon: (0 34 41) 8 33 25
> www.herrmannschacht.de

durch die industrielle Lebensmittelproduktion erschienen neue Produkte auf einem wachsenden Markt.

Mit der Einführung des „Conchierens", des langen Rührens und Knetens der Schokoladenmasse, entstand 1879 die Schokolade, wie wir sie kennen. Die Deutschen liebten das Genussmittel aus der Neuen Welt. Das damals drittgrößte Land Europas war Ende des 19. Jahrhunderts noch vor den Vereinigten Staaten, Frankreich und Großbritannien weltweit größter Kakaoverbraucher.

(Timo Groß)

> In der Umgebung von Zeitz wurde schon weit vor der Mitte des 19. Jahrhunderts Braunkohle gefördert. Wenn die Feldarbeit in den Wintermonaten erledigt war, bauten die Bauern mit Hacke und Schaufel die Braunkohle ab. Diese erwärmte dann die Salinen, Ziegeleien und Haushalte der näheren Umgebung.

Literatur

Menninger, Annerose: Genuss im kulturellen Wandel. Tabak, Kaffee, Tee und Schokolade in Europa (16.–19. Jahrhundert). Stuttgart 2004.

Mueller, Wolf: Seltsame Frucht Kakao. Die Geschichte des Kakaos und der Schokolade. Hamburg 1957.

Schivelbusch, Wolfgang: Das Paradies, der Geschmack und die Vernunft. Eine Geschichte der Genussmittel. Frankfurt am Main 1992.

In der ältesten erhaltenen Brikettfabrik der ersten Generation sind, mit Ausnahme des Kesselhauses, alle wichtigen Gebäude der Brikettproduktion vorhanden.

Schokoladenglück verzaubert Zeitz

Ein Märchen von Gruben- und anderen Hunden

Die süße Pracht

Der Zucker wurde den Nordeuropäern durch die Kreuzzüge bekannt. Dennoch galt Honig lange als das eigentliche Süßungsmittel. Im Mittelalter würzte man reichlich, saure Speisen waren beliebt. Die Süßspeisen spielten nur eine untergeordnete Rolle in der Küche der Reichen. Ab dem 16. Jahrhundert kam Rohrzucker aus Westindien, und das feine Süßungsmittel trat seinen Siegeszug in der europäischen Küche an, zunächst in der höfischen Esskultur. Nach der Entdeckung des Rübenzuckers im Jahre 1747 fand man Zucker ab dem späten 19. Jahrhundert auf allen Tischen der Gesellschaft.

Nicht weit von Zeitz entfernt wurde im Herrmannschacht von 1860 an Kohle abgebaut. Täglich fuhren dort Bergarbeiter ein. Unter den Arbeitern war auch der 23-jährige Hans. Seit ein paar Monaten arbeitete er unter Tage und baute Schicht für Schicht Kohle ab.

Aber eines Tages, als er zur Arbeit ging, sah er im nebligen Morgen die langen blonden Haare eines jungen Mädchens. Gleich im ersten Moment verliebte sich Hans in die junge Frau. Er konnte an nichts anderes mehr denken. Das Mädchen hieß Julia. Jeden Tag brachte sie ihrem Vater, dem Chef des Bergwerks, frischen, warmen Kakao an seinen Arbeitsplatz. Ihr Vater nannte sie sein Schokoladenmädchen.

Die Spatzen pfiffen es schon von den Dächern. Das Mädchen sollte den Jungen des reichen Bankkaufmanns Schulz heiraten, um die Kohlengrube vor dem Ruin zu retten. Hans war noch nicht lange genug in der Stadt und die wenige freie Zeit ließ es nicht zu, viele Bekanntschaften zu schließen. Er sah Julia zum ersten Mal. Hans wollte auf sich aufmerksam machen. Er überlegte, wie er dem hübschen Mädchen eine Freude machen könnte. Der Junge wollte ihr einen Kuchen backen.

Seine Mutter hatte ihm früher Kekse in Schokolade getunkt. Das brachte ihn auf die Idee, die Kekse in einer Form zu stapeln und mit Schokolade zu übergießen. Da er ständig die Grubenhunte sah, fiel ihm ein, einen *Kalten Hunt* für die Auserwählte zu kreieren. Nach Feierabend suchte er nach einer viereckigen Backform und mischte Schokoladenpulver, Puderzucker, zwei Eier und weitere Zutaten zu einem Brei. Er legte die Backform mit Papier aus und füllte sie mit der Schokoladenmischung. Jede Schokoladenschicht wurde mit Keksen belegt. Nachdem er fertig war, brachte Hans den *Kalten Hunt* in den Keller zum Auskühlen.

Am nächsten Tag wartete er auf Julia und schenkte ihr den *Kalten Hunt*. Erst nachmittags sahen sich beide wieder. Julia war begeistert von der süßen Speise. Sie verliebte sich in den Jungen und beschloss, den einfachen Bergarbeiter Hans zu heiraten. Das gefiel Julias Vater nicht, aber sie setzte sich über seinen Willen hinweg und wählte statt Geld ihre große Liebe.

Zwei Monate später gründeten Julia und Hans eine Bäckerei. Bald verkaufte sich der *Kalte Hunt* nicht nur in Zeitz, sondern auch in anderen Orten. Durch den Erfolg des Rezeptes von Hans verdienten sie so viel Geld, dass sie später das Bergwerk des Vaters retten konnten.

(Matthias Fischer)

In der Brikettfabrik Herrmannschacht wurde Ende 1959 die letzte Schicht gefahren. Seit 1961 steht das Werk unter Denkmalschutz. Neben ihrer Funktion als Museum und Denkmal kann die Fabrik auch für Festlichkeiten gebucht werden.

Kalter Zeitzer Grubenhunt

250 g Palminfett
2 Eier
100 g Zucker
1 Esslöffel Vanillezucker
50 g lösliches Kakaopulver
4 Esslöffel Milch
50 g Mandeln, grob gemahlen
300 g Kekse (Butterkekse)
etwas Rum

Bei schwacher Hitze das Fett zerlassen. Danach die zwei Eier, Zucker, Vanillezucker und den Kakao mit der Milch verquirlen. Anschließend das lauwarme Fett und die Mandeln untermischen. Die Backform mit Backpapier auslegen und mit Schokocreme bedecken. Nach dem Auslegen mit Backpapier eine Lage Butterkekse hineingeben und mit Schokobrei bedecken. Dann die Backform wieder mit eine Schicht Kekse belegen und mit Kakaobrei bestreichen. Mit diesem Befüllen bis zum Backformenrand fortfahren. Danach den Kalten Hunt zum Aushärten eine Nacht lang im Kühlschrank stehen lassen.

Die Geburt der Tragödie

Nietzsche, Griechen und Vegetarier

> **Zur Prometheus-Sage**
>
> Als Stellvertreter der Menschen schlachtete Prometheus einen Stier als Opfergabe für die Götter. Um Zeus zu betrügen, legte er auf einen Haufen das wertvolle Fleisch, auf den anderen, den größeren, die wertlosen Knochen und bedeckte beide. Der Göttervater Zeus sollte sich entscheiden und hatte die List durchschaut. Dennoch griff er zum größeren, wertlosen Haufen, offenbarte anschließend den Betrug und schwor Rache.

„Sollen sie ihr Fleisch haben!", rief Zeus, als er die List von Prometheus durchschaute und sich, wohl schon rachelüstern, für den großen, mit Fett getarnten Haufen der wertlosen Knochen und Sehnen des geschlachteten Stieres entschied. Auf den kleinen Berg mit wertvollem Fleisch und Innereien verzichtete er. Die den Menschen auferlegte Pflicht, zur Ehre und Anerkennung der Götter Opfer darzubringen, nutzte Prometheus, um dem Göttervater eine gehörige Mogelpackung vorzusetzen.

Der Souverän des Olymps wollte daraufhin dem Volk hienieden das Feuer verweigern und befand, dass die Erdenbürger ihr Fleisch roh essen sollten. Nachdem Prometheus, der Freund und Kulturstifter der Menschen, seinen Zöglingen auch noch die vorenthaltenen Flammen vom Himmel holte, als er dem Sonnenwagen des Helios näher kam, nahm die Geschichte ihren Lauf.

Von Prometheus bei lebendigem Leib herausgerissenen Leberstücken, endlosen Qualen und einem immer wiederkehrenden Kreislauf der Gewalt ist in der griechischen Mythologie die Rede. Hier wird die Geschichte von der Entstehung des Leidens und vom Ursprung des Todes erzählt. Das Faszinosum Fleisch als Quelle von Kraft und Ansehen bekommt in seiner Bedeutung eine religiöse Dimension. Von einer Urzeit, in der sich die Menschen vegetarisch ernährten und später wie Götter lebten, blieben nur die Bücherseiten zurück, auf denen dieser paradiesische Urzustand beschrieben wurde. Bekanntlich musste im Laufe der Menschheitsgeschichte von mancher Utopie Abschied genommen werden, und so hatte auch das Goldene Zeitalter ein Ende – die Wurst aber, und die Diskussion um diese, hat zwei.

Weniger vom Geist des Prometheus, als vom Streben nach Arterhaltung getrieben, verzichteten die Jäger und Sammler nicht auf den Verzehr beseelter Wesen. Jedoch überwogen beim Ackerbauern und Viehzüchter die pflanzliche Nahrung und das Verlangen, von selbstständig gefertigten Produkten zu leben. Mit der Sesshaftwerdung des Menschen begann die Geschichte seiner Autonomie und die Voraussetzung für den Vegetarismus. Die Überwindung der Fleischeslust und der mythischen Welt durch den Ackerbau?

Das Tabu, bestimmte Tiere zu verzehren, entstammt Glaubenssystemen verschiedener Kulturkreise und hat auch im abendländischen Denken eine lange Geschichte. Erste Prinzipien einer grundlegenden vegetarischen Geisteshaltung in Europa sind in der Antike zu erkennen. Platon und Pythagoras sahen im Verzicht auf Fleischnahrung eine ideale Grund-

> Friedrich-Nietzsche-Gedenkstätte
> Röcken
> 06686 Röcken

lage menschlichen Zusammenlebens. Beim aus der römischen Provinz Africa stammenden Rhetoriklehrer und Kirchenschriftsteller Laktanz unterschieden sich Mensch und Tier später nur dadurch, dass er dem Menschen Sinn für Gerechtigkeit zusprach.

Im Mittelalter wurde die vegetarische Ernährungsweise oft mit Ketzerei oder dem Rückfall in das Heidentum in Verbindung gebracht. Fleisch war Volksnahrungsmittel und verschwand erst wieder von den Tischen der Menschen, als der Boden für die Viehhaltung durch das stetige Wachstum der Bevölkerung immer knapper wurde. Die gesellschaftliche Oberschicht sicherte sich die Kontrolle über die Böden, ließ sich gern Gebratenes servieren und kämpfte gegen die Bauern und die Gicht ums Überleben. Der Fleischkonsum wurde wieder mehr zum Symbol von Macht und Reichtum. Seit dem 16. Jahrhundert kam es zu einer zunehmenden „Entfleischlichung" der Nahrung, wie es der Nationalökonom und Königlich Sächsische Geheimrat Wilhelm Roscher im 19. Jahrhundert bezeichnete.

Während René Descartes organisches Leben im 17. Jahrhundert mechanistisch erklärte und das Tier noch als Fleischlieferanten und Gebrauchsgegenstand ohne Bewusstsein ansah, bekam der Vegetarismus in der Zeit der Aufklärung im Schatten humanistischen Gedankenguts die Chance zu einem Neuanfang. Nicht nur Freiherr von Knigge befürchtete am Ende des 18. Jahrhunderts, dass durch Grausamkeit gegenüber Tieren die Hemmschwelle für Grausamkeiten gegenüber Menschen he-

> „Gewiß! es liegt tief in der Natur des Menschen, dass er alles essen will, was er liebt, und jede neue Erscheinung unmittelbar zum Mund führt, um sie da wo möglich in ihre ersten Bestandteile zu zergliedern. Die gesunde Wißbegierde wünscht ihren Gegenstand zu fassen, bis in sein Innerstes zu durchdringen und zu zerbeißen."
> (Friedrich Schlegel: Lucinde)

Im Pfarrhaus in Röcken lebte Nietzsche von 1844 bis 1850.

Neben der romanischen Bruchsteinkirche aus dem 12. Jahrhundert wurde der Philosoph am 28. August 1900 bestattet.

Nietzsche-Denkmal in Röcken

rabgesetzt werden könnte. Als Vertreter eines aufgeklärten Naturalismus ging Jean-Jacques Rousseau vom Menschen als ursprünglichem Pflanzenköstler aus und befand in seiner Gesellschaftsphilosophie, dass Fleischverzehr grausam sei und die Menschen grausam mache, was man an den homerischen Zyklopen ebenso sehen könne wie an den Engländern.

1847, drei Jahre nachdem Friedrich Nietzsche im evangelischen Pfarrhaus von Röcken bei Lützen das Licht der Welt erblickt hatte, wurde allen rousseauschen Einschätzungen über seine fleischversessenen britischen Nachbarn zum Trotz in England die weltweit erste moderne Vegetariergesellschaft gegründet. Industrialisierung und Verstädterung führten zu einer neuen Lebensreformbewegung, die den Vegetarismus als einen gesellschaftlichen Gegenentwurf proklamierte. Unter dem Motto „Zurück zur Natur" erwartete man auch in Deutschland eine Umgestaltung gesellschaftlicher Strukturen, wenn man sich auf natürliches Verhalten beschränken würde.

Der kleine Nietzsche spürte den schmerzlichen Verlust der ländlichen Heimat, als sich die Familie nach dem Tod des Vaters mit der Enge einer Naumburger Stadtwohnung begnügen musste. Später schrieb er, dass er sich wie ein Baum fühlte, der seiner Krone beraubt wurde. Während er emotional immer mehr in die Geistes- und Symbolwelt der Griechen floh, predigten die Propheten des Vegetarismus die Rückkehr zu einer naturgemäßen Lebensweise.

Nietzsche liebte die Natur und bemerkte: „Wir sind so gern in der freien Natur, weil diese keine Meinung über uns hat." Eine Eigenschaft der natürlichen Umwelt, den die am Rand der Gesellschaft stehenden Vegetarier vielleicht schätzten? In Deutschland gründeten 1867 Eduard Baltzer in Nordhausen

und 1868 Gustav Struve, der Theoretiker der badischen Revolution von 1848/49, in Stuttgart die ersten vegetarischen Vereine. Wenig später fanden sich die „Leute, die sich ausschließlich von ungewürzter Pflanzenkost nähren", auch in den Lexika wieder.

Nachdem Friedrich Nietzsche im Februar 1869 an die Universität Basel berufen worden war, lernte er den 31 Jahre älteren Richard Wagner kennen, der in seinem unkonventionellen Haushalt jahrelang Abstinenz im Fleischgenuss geübt hatte. Als Gegner des Vegetarismus aus Erfahrung – auch aus Sicht der damaligen Schulmedizin waren Vegetarier von Mangelerscheinungen, Krankheit und vorzeitigem Tod bedroht – beschrieb Nietzsche in einem Brief an Carl von Gersdorff „die Paradoxie der Pflanzenkost" als eine „Marotte" und sah in der christlichen Mitleidsmoral eine ekelhafte Sentimentalität.

Friedrich Nietzsche

Weiterhin bemerkte er im Schreiben vom 28. September 1869 an seinen Freund, den er in der königlichen Landesschule Pforta kennengelernt hatte, dass „die Achtung vor dem Thiere ein den edlen Menschen zierendes Bewußtsein" sei, „aber die so grausame und unsittliche Göttin Natur hat eben mit ungeheurem Instinkt uns Völkern dieser Zonen das Entsetzliche, die Fleischkost angezwungen, während in den warmen Gegenden, wo die Affen von Pflanzenkost leben, auch die Menschen nach demselben ungeheuren Instinkte, mit ihr sich genügen lassen". Durch Mitleid mit dem Tier würde der Lebenswille des Über-Tieres Mensch untergraben. Nietzsche kommt zu dem Schluss: „geistig productive und gemüthlich intensive Naturen müssen Fleisch haben". Fleisch war damals nicht nur für ihn ein unersetzbarer Bestandteil einer lebenserhaltenden Ernährung.

Trotz der weit verbreiteten Meinung, die Vegetarier seien lächerliche Spinner, entwickelte sich eine lebensreformerische Subkultur. Das Tabuisieren von Fleisch diente als Metapher für eine neue kulturelle Identität. In Berlin und Leipzig öffneten die ersten vegetarischen Gaststätten des Kaiserreiches ihre Pforten und präsentierten die pflanzliche Speisezubereitung einer breiten Öffentlichkeit. In Leipzig schlossen sich 1892 die beiden wichtigsten Vegetariervereine zum überregionalen Deutschen Vegetarier-Bund zusammen. Jedoch blieb die Zahl der Organisierten eher bescheiden. Vor Beginn des Ersten Weltkrieges zählte man rund eintausend vegetarische und alkoholfreie Gaststätten im deutschsprachigen Raum.

Aufgrund sich abzeichnender Versorgungsengpässe hätten die Nationalsozialisten zusammen mit den Freunden der fleischlosen Kost an der „Front gegen den Hunger" stehen können, da reine Pflanzennahrung stets als Notbehelf in Krisenzeiten angesehen wurde. Die pazifistische Grundhaltung und die lebensreformerischen Ziele der Vegetarier missfielen jedoch den Machthabern des Dritten Reiches. Im Jahre 1935 kam es zur Selbstauflösung des Deutschen Vegetarier-Bundes. Vereine mussten ihre Arbeit immer mehr einschränken und Teile der Lebensreformbewegung wurden im sogenannten „Reichsvollkornbrotausschuss" zusammengefasst.

Knapp hundert Jahre, nachdem der Begriff „vegetarian" von den Begründern der englischen *Vegetarian Society* für eine neue Ernährungsform gefunden worden war, waren Millionen von Menschen in zwei Kriegen wie Vieh zur Schlachtbank getrieben worden. Die Anhängerschaft alternativer Ernährungsgewohnheiten bekam nach den Mangeljahren im Nachkriegsdeutschland erst durch die Ökologiebewegung der 1970er Jahre und den Kampf um Tierrechte neue Impulse. Während der real existierende sozialistische Vegetarier wohl eher zu einer bedrohten Spezies zählte, eroberten einige Sojawürstchen und Grünkernbratlinge unter fragenden Blicken die Roste westdeutscher Grillplätze. Durch zunehmende Diskussionen in der Nähe brutzelnder Bratwürste und frisch geputzter Wachstuchdecken wurde klar, dass auch Vegetarismus eine durchaus gesunde Ernährungsform sein kann.

Jedoch sollten wir nicht vergessen, dass Zeus, bevor er Prometheus bestrafte und ihn mit unauflöslichen Ketten an eine Felswand im Kaukasus schmiedete, der Menschheit eine Lektion erteilt hatte. Er schickte Pandora mit einer Büchse voller Krankheit, Hunger und Schmerzen auf die Erde. Aber was sind diese „göttlichen Gaben" schon gegen die Aussicht, kein Feuer zu besitzen und den Naumburger Schinkenstollen roh essen zu müssen, wie es der Herrscher des Olymps vielleicht gern gesehen hätte? Eine Gabe blieb jedoch zu diesem Zeitpunkt am Boden der Dose verborgen, und diese ist Pflanzenköstlern und Fleischessern vielleicht gemein: die Hoffnung. Die Hoffnung auf einen respektvollen Umgang des Menschen mit Tier und Pflanze.

„Das Beste der ganzen Geschichte, die Erwartung, habe ich gehabt", könnte man Nietzsche noch einmal etwas sinnentfremdet zitieren, obwohl er diese Worte nach dem gescheiterten Versuch des Anlegens eines Gemüsegartens in Naumburg geschrieben hat. Der Diskurs um die Wurst hat somit erst einmal einen Schluss gefunden – zu Ende ist er noch lange nicht.

(Timo Groß)

Literatur
Linnemann, Manuela (Hg.)/Claudia Schorcht: Vegetarismus. Zur Geschichte und Zukunft einer Lebensweise. Erlangen 2001.
Lisson, Frank: Friedrich Nietzsche. München 2004.
Pungs, Birgit: Vegetarismus. Religiöse und politische Dimensionen eines Ernährungsstils. Dissertation, Humboldt-Universität Berlin 2006.

Schmackhafte Heimat

Friedrich Nietzsche und der Naumburger Schinken

Nachdem ihn zunehmende Krankheitsschübe gezwungen hatten, seine Professur für klassische Philologie in Basel niederzulegen, reiste Friedrich Nietzsche als freier Philosoph durch Europa. In Naumburg, der Stadt in der er selbst lange gelebt hatte und seine Mutter immer noch wohnte, war er nie heimisch geworden. Er mochte diese Stadt nicht wirklich, wie er nicht müde wurde zu betonen. Das Klima bekäme ihm schlecht und es gäbe dort nichts wirklich Günstiges, außer den Pfefferkuchen, die er jedoch aus Halle bezog.

Wegen des ihm zuträglicheren Klimas verweilte er lieber im Süden. So kam er auch nach Italien. Dort kristallisierte sich Turin als seine Lieblingsstadt heraus. Sie gefiel ihm nicht nur optisch am besten. Dort war es auch am billigsten. Für einen leidenschaftlichen Esser, wie Nietzsche einer war, war das alles andere als ein unbedeutender Faktor bei der Wahl seines Wohnortes. Auch schätzte er die piemontesische Küche sehr, im Gegensatz zur deutschen Kochkunst im Allgemeinen. Von

Holunder

Der Holunderbusch ist nach der germanischen Göttin Holda (Holla, Holle, Hulda, Hollermutter) benannt. Als althochdeutsches „Holuntar" bedeutet es: der Baum der Frau Holle. Die Göttin ist uns aus dem Märchen der Gebrüder Grimm bekannt. Holunder gehört zu den beliebtesten Volksheilmitteln. Schon Hippokrates beschrieb seine heilende Wirkung als abführend und harntreibend. Vom Holunder kann fast alles verwendet werden: Blätter, Blüten, Rinde und natürlich die Früchte. Die Blüten haben schweißtreibende Wirkung und kommen bei Erkältungskrankheiten und Grippe zum Einsatz. Die Beeren sind sehr vitaminreich, sollten aber nicht roh gegessen werden, weil sie Brechreiz und Übelkeit verursachen können. Sie werden zu Saft, Wein, Mus oder Holundergelee verarbeitet.

ihr war er, vorsichtig ausgedrückt, wenig angetan. Ihr fehlte seiner Ansicht nach die nötige Raffinesse, und außerdem war sie seiner Gesundheit nicht besonders förderlich, wie er meinte.

Regelmäßig schrieb er Briefe mit Neuigkeiten oder Bitten an seine Mutter nach Naumburg. Nicht selten verlangte er bei dieser Gelegenheit neben Dingen des täglichen Bedarfs, zum Beispiel Handschuhe oder Socken, auch Nahrungsmittel. Fleisch, insbesondere Schinken, war ihm am liebsten. Er konnte gar nicht genug davon bekommen, trotz der Bedenken der Ärzte.

Nachdem er viele andere Schinken probiert hatte, von denen einige sein Wohlbefinden doch arg strapazierten, wollte er irgendwann keine Experimente mehr machen und bestellte nur noch den Lachsschinken aus Naumburg – immerhin trotz seiner Abneigung gegen die deutsche Küche und seiner Aversion gegenüber Naumburg. Bei dieser Delikatesse sollte seine sonst so auf Sparsamkeit getrimmte Mutter auch nicht geizen – im Gegenteil, die geschickten Schinken sollten für mehrere Monate seine Abendmahlzeit bilden. Er frönte in Turin allabendlich dem Genuss bis zu seinem Zusammenbruch im Jahre 1888. Diesen erlitt er angesichts der Nüstern eines geschundenen Pferdes, was als Ausdruck seiner zugunsten des Fleischkonsums unterdrückten Tierliebe interpretiert wurde.

Bei seinen Besuchen in Naumburg brachte er seiner Mutter aus Italien verschiedene Gewürze und Oliven mit. Er bat sie dann, ihm einen abgewandelten Naumburger Stollen zu backen mit seinem geliebten Schinken, ihrem hausgemachten Holundergelee und seinen mitgebrachten Oliven und Gewürzen. Das tat sie dann auch, aber mit Kassler, weil der Lachsschinken viel zu salzig und zu teuer zum Braten war.

(Johannes Hanf)

Wie die Butter in den Naumburger Christstollen kam

Brot, Wein und Öl waren im Mittelalter *die* Nahrungsmittel der Kirche – als Sakramente symbolisch aufgeladen. So wurde auch der spätere Christstollen anfangs mit Öl gebacken. Das Christentum setzte sich im 4. Jahrhundert als offizielle Religion des Römischen Reiches durch, ab dem 9. Jahrhundert auch in Sachsen. Jene Mittelmeerkultur hatte drei Hauptnahrungsmittel: das weiße Weizenbrot, Wein und Olivenöl. Diese traten mit dem christlichen Glauben ihren Siegeszug bis in die entlegenen Gebiete Nord- und Osteuropas an.

Der Stollen tauchte erstmals 1329 in Naumburg an der Saale auf. Bischof Heinrich hatte den Bäckern das Privileg eingeräumt, eine Zunft zu bilden. Im Gegenzug waren sie verpflichtet, dem Bischof und seinem Hof zu Weihnachten zwei lange Weizenstollen zu liefern. Diese Stollen mussten mit Öl gebacken werden. Das Öl fand insbesondere auch in der Fastenzeit Verwendung.

Und natürlich hatten die Bäcker reines Weizenmehl für den Stollen zu sieben. Allerdings kam der Stollen ohne Gewürze und ohne Butter nicht gut an. Deswegen baten die Kurfürsten Ernst und Albrecht von Sachsen 1450 Papst Nikolaus V. um die Genehmigung, dass die Bäcker den Stollen mit Butter backen dürften. Doch erst nachdem fünf weitere Stellvertreter Gottes gestorben waren, hob Papst Innozenz 1491 das „Butterverbot" auf. Sein Brief wird auch als Butterbrief bezeichnet. Schmeckte der Stollen anfangs wie ein Baguette, so wurde nach und nach der Naumburger Christstollen daraus.

(Kirsten Lorenz)

Nietzsches Naumburger Schinkenstollen

Hefeteig

- 500 g Weizenmehl
- 30 g Hefe
- 200 ml Milch
- 70 g Zucker
- 70 g Fett
- 1 Eigelb
- 5 g Salz

Füllung

- 900 g Kassler (im ganzen Stück)
- 2 Esslöffel Honig
- 1 Zweig Rosmarin
- 1 Glas schwarze Oliven ohne Stein, Abtropfgewicht 135 g
- 150 g Frischkäse
- 1 Glas Holundergelee

Für den Hefeteig die Hefe in lauwarmer Milch auflösen, alle Zutaten in eine Schüssel geben, gut durchkneten und 30 Minuten (auf einem Topf mit köchelndem Wasser) ruhen lassen. Das Kassler vom Knochen trennen und das Fleisch mit Honig und Rosmarin bestreichen. In der Pfanne anbraten. Danach das Fleisch aus der Pfanne nehmen, abkühlen und ruhen lassen. Dann die Oliven klein schneiden und mit dem Frischkäse mischen.

Den Hefeteig ausrollen. (Man kann vor dem Ausrollen in den Teig je nach Belieben verschiedene Gewürze einkneten, wie z. B. Basilikum, Rosmarin oder Oregano.)

Dann wird das Fleisch der Länge nach ca. 1–2 cm tief eingeschnitten. In diese Vertiefungen wird die Frischkäse-Oliven-Mischung gefüllt. Das Fleisch in den Teig einwickeln. Die Einschlagränder mit Eiweiß bestreichen, damit es besser hält, dann den Teig mit Eigelb. Das Ganze im vorgeheizten Ofen bei 180 °C bei Ober- und Unterhitze 45 Minuten lang backen. Dazu das Holundergelee als Soße reichen.

Zwei musizierende Engel halten eine Tafel mit der Inschrift: „Ehre sey Gott in der Höhe und Friede auff Erden und den Menschen ein Wohlgefallen."

*Literatur
Kaufmann, Eberhard: Im Weinland an Saale und Unstrut. Dößel 2006.*

Lots Berauschung durch seine Töchter

Exkurs: Das „Steinerne Album" in Großjena

Die Großjenaer Weinberge, unmittelbar vor Naumburg gelegen, führen uns in die reizvolle Kulturlandschaft des Weinbaus zurück. Einzigartig öffnet sich im Steinauerschen Weinberg das „Steinerne Album", ein Großrelief, welches zur Erinnerung an weinselige Stunden des 18. Jahrhunderts von dem Naumburger Juwelier Johann Christian Steinauer in Auftrag gegeben wurde.

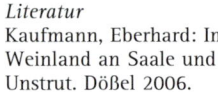

Nach 1913 ließ man das Winzerhäuschen abbrechen, um an seiner Stelle das jetzige Haus zu errichten. Im Grundstein des alten Hauses fand man die Jahreszahl 1688 und vier mit Wein gefüllte Flaschen. Es waren keine Wein-, sondern historische Apothekenflaschen: klein, quadratisch, mit kurzem Hals, verkorkt und mit Bleikappen versiegelt, auf denen die Jahrgänge eingeritzt waren.
Eine Flasche wurde durch die Weinbaugesellschaft zu Naumburg verkostet. Das Protokoll davon ist noch vorhanden. Die Fachleute waren voller Lob und Bewunderung für den alten Wein, aber sie mussten doch eingestehen, dass er mit den Jahren zu einem sehr feinen Essig geworden war.

Fuchsjagd – Verfolgung des schlimmsten Weinräubers

Aus Relief Nr. 7:
Christus in der Kelter

Herzog Christian:
eine Huldigung an den
Landesherren

*Relief Nr. 9:
Ein bärtiger Mann mit Weste und langem Rock trägt in der einen Hand ein Winzermesser und in der anderen einen traubenschweren Weinstock, die Attribute der Winzerarbeit. Er steht wie Fortuna in Steinauers Wappen auf Kugeln und hat wie Janus ein Doppelgesicht. Er illustriert Unbeständigkeit. Trotz vieler Mühen bleibt der Erfolg im Weinberg häufig aus.*

Arbeiter im Weinberg

„Ich sitze gerade wieder in Großjena an meinem Radiertisch und sehe mit großer Freude das Saale- und Unstruttal vor mir in voller Herbstsonne. Es ist doch sehr reizend hier. Der einzige Fleck, an dem ich hänge, trotz allem Schönen, was ich sonst gesehen habe."
(Max Klinger an Dr. Carl Schirren)

„Jetzt bin ich mal ein paar Tage ausgerückt, sehe nur Grünes rechts links vorn hinten; keine Trambahn, keine Autos, keine aufgerissenen Straßen, kein Steinklopfen keine Musik – Gott und was lassen es sich die Leute kosten, diese ganz unvollständig aufgezählten Folterwerkzeuge für sich anzuschaffen ..."
(Max Klinger an Carl Schirren)

Global Player schlägt tiefe Wurzeln
Max Klinger und sein Weinberg in Großjena

Seine Arbeiten führten Max Klinger weit über die deutschen Grenzen hinaus. Auf der ständigen Suche nach neuen künstlerischen Anregungen durchquerte er den europäischen Kontinent. Brüssel, Paris, Berlin, München, Rom, Madrid und London sind nur einige geografische Wegmarkierungen seines umfangreichen Schaffens.

Die Einsamkeit suchend, arbeitete der Maler und Bildhauer, der 1857 in Leipzig als Sohn eines Seifenfabrikanten zur Welt gekommen war, gegen die Vereinzelung der verschiedenen Künste. Ob in seinem Pariser Atelier oder dem in der belgischen

In den Weinbergen von Großjena verborgen, liegt das Grab des bekannten Malers und Bildhauers Max Klinger. Sein ehemaliges Wohnhaus ist heute Gedächtnisstätte.

Hauptstadt, ob auf Materialsuche für seine Skulpturen in Griechenland oder auf der Suche nach dem Wesen der antiken Kultur in Italien – Klinger arbeitete immer am Gesamtkunstwerk. Nachdem er 1895 nach Leipzig zurückgekehrt war, fand er am Zusammenfluss von Saale und Unstrut ein Kunstwerk, dem er seine ideellen Formen geben sollte und in dem er seine Ruhe fand.

Auf Empfehlung seines Freundes und Hausarztes Rudolf Schenkel erwarb Klinger 1903 einen Weinberg in Großjena, pachtete noch ein Grundstück über dem Weinberg, bevor er 1909 auch dieses kaufte, und befand: „Es wäre hier ein Paradies – recht klein, aber von so großem langsamen Reiz. Wir sind ganz verliebt in die Landschaft. Sonne Regen Wind werden nach und nach ganz andre freundliche Leute." Wir, das sind Klinger und seine Freundin Elsa Asenijeff, die er mit 41 Jahren kennengelernt hatte.

Beide lebten hier in Zurückgezogenheit vor dem lärmenden Leipzig, was jedoch nicht ausschloss, dass Freunde, Sammler und Museumsleute zu Besuch kamen. Die Landidylle mit weltmännischem Flair gefiel wahrscheinlich auch der 17-jährigen Gertrud Bock (1893–1932), die 1910 zusammen mit ihrer Schwester und der Mutter den Leipziger Künstler in Großjena besuchte. In den nächsten Jahren stand sie nicht nur für Klinger Modell, sondern wurde auch seine Geliebte. Die junge Frau entfachte neue Fantasien und gab dem Künstler in der Schaffenskrise Lebenssinn.

Mit Hilfe eines einheimischen Winzers pflegte Klinger seinen Weinberg, war immer glücklich über prächtige Reben und schrieb viel darüber in Briefen. Nach einem Unfall in Leipzig und einem Schlaganfall mit rechtsseitiger Lähmung wurde der Weinberg zu seinem Hauptwohnsitz. Zehn Monate vor seinem Tod schrieb er an Dr. Carl Schirren: „Ich sitze gerade wieder in Großjena an meinem Radiertisch und sehe mit großer Freude das Saale- und Unstruttal vor mir in voller Herbstsonne. Es ist doch sehr reizend hier. Der einzige Fleck, an dem ich hänge, trotz allem Schönen, was ich sonst gesehen habe." Das Sonnenwetter des Herbstes 1919 ließ seinen Wein gut gedeihen. Mit einem Blick aus dem Fenster des Radierstübchens bemerkte er weiter: „Wenn Sie meine Weinstöcke sähen. Gendarmen! Und tragen! Und überhaupt: hier wird man Mensch."

(Timo Groß)

Literatur

Wagner, Siegfried: Max Klingers Weinberg. Zur Geschichte des Klingerhauses in Großjena bei Naumburg. Naumburg 1999.

Schirren, Carl (Hg.): Max Klinger – Carl Schirren. Briefwechsel 1910–1920. Hamburg 1988.

Klingers Weinschokolade

80 g Zucker
30 g Kakao
1/2 Liter Wasser
1 Flasche Rotwein von Saale und Unstrut, Dornfelder oder Portugieser
1 Ei
4 cl Weinbrand

Wasser, Zucker und Kakao in der üblichen Weise verkochen. Danach wird der Rotwein zugegossen. Das Ei in das heiße Getränk einrühren und den Weinbrand dazugeben. Die Weinschokolade serviert man am besten kalt.

Küsse, Küche, Kitsch und Krempel

Hedwig Courths-Mahler aus Nebra und die kurze Geschichte über die Hausarbeit

Buttenweib an der „Pfütze"

Blick auf Nebra von Norden

In der Küche wurde nicht nur gekocht. Man lachte, liebte, wohnte, arbeitete, diskutierte und dachte im Herzstück der Hausgemeinschaft, und man rüttelte am Verdauungsschlaf der Welt. Hier setzten die Kochkünstler im Spannungsfeld zwischen gutem Gefühl, weitreichender Erfahrung und jahrelanger Übung neue Trends oder bewiesen Zeitgeschmack. Solange nicht nur um den heißen Brei geredet wurde, erweiterten sich kulinarische Horizonte – und andere auch.

Während früher alle Familienmitglieder in die Hauswirtschaft eingebunden waren, trennten sich Betätigungsfelder, Wohn- und Arbeitsbereiche der Menschen in der industriellen Gesellschaft immer mehr. Der Mann arbeitete schon seit Jahrhunderten fern vom Herd auf dem Acker. Sein Bewegungsradius erweiterte sich durch die industrielle Erwerbstätigkeit außer Haus, während die Hausfrau in der Küche zunehmend isoliert wurde. Die Hausarbeit war notwendig, denn die Küche blieb ein Zufluchtsort, der Wärme und Behaglichkeit ausstrahlte. Anerkannt wurde die Arbeit im Haushalt, im Gegensatz zur Lohnarbeit, allerdings immer weniger.

Wenn schon keine opulente Fülle auf den Tischen zu erwarten war, galt es doch zumindest das tägliche Überleben im Schatten neuen materiellen Strebens zu sichern. In den Arbeiterfamilien war das neben der harten Fabrikarbeit eine schwierige Aufgabe.

Obwohl die politische Führung der Weimarer Republik auf eine formale Gleichstellung des Mannes und der Frau drängte und sich die Arbeitsmarktlage für Frauen im Angestelltenbereich erheblich verbesserte, bekam die arbeitende Ehegattin wenig Anerkennung. Die nicht berufstätige Frau in der bürgerlichen Familie blieb weiterhin die treu sorgende Hausfrau und Mutter. Oft war sie ein repräsentatives Vorzeigeobjekt beruflich erfolgreicher Ehemänner. Der Takt des alltäglichen Lebens außerhalb des eigenen Hauses beschleunigte sich immer mehr. Auto, Telefon, Radio und Fließbandarbeit erhöhten das Tempo im Alltag. Die bürgerliche Hausfrau blieb zwischen Staubwedel und Tischtüchern zurück.

In Deutschland gab es nach dem Ersten Weltkrieg Massenarbeitslosigkeit, Putschversuche, Hunger, Inflation und Wohnungsnot. In der jungen demokratischen Republik überfiel die Menschen nach den Schrecken des Krieges eine Lebensangst, die sie in Scheinwelten flüchten ließ. Während man sich in der Zeit der Neuen Sachlichkeit mit klarer Formensprache auf das Wesentliche zu konzentrieren versuchte, ergaben sich viele Leser dem schönen Schein des Unwirklichen in der Unterhal-

Brückenlöwe wacht über der Unstrut in Nebra

Heimatmuseum und Hedwig-Courths-Mahler-Archiv in Nebra

Renaissance-Arkaden auf dem Hof des ehemaligen Schwerdtschen Hauses in der Breiten Straße 16. Die steinernen Laubengänge mit den außergewöhnlichen Verzierungen sind ein Prachtstück der Deutschen Reanissancezeit im Unsttuttal.

tungsliteratur. Sie ließen die Verkaufszahlen von Büchern wie *Die schöne Unbekannte, Eine ungeliebte Frau* oder *Der Scheingemahl* in ungeahnte Höhen steigen. Es waren Bücher, die den Geschmack der Massen trafen, geschrieben von einer Autorin, die von der Literaturkritik oft verrissen und von vielen Lesern sehr geschätzt wurde: Hedwig Courths-Mahler aus Nebra an der Unstrut.

Sie fantasierte auf Papier und entführte die Menschen aus der bitteren, unromantischen Wirklichkeit. Die hatte sie bei ihren Pflegeeltern in Weißenfels, als Dienstmädchen oder als Verkäuferin in einem Leipziger Bänder- und Spitzengeschäft früher sehr oft selbst ertragen müssen. Gelassen bemerkte die erfolgreiche Courths-Mahler, sie würde ihre volkstümlichen Bücher für „die Hausschneiderin in der Dachstube, die Köchin in der Küche, das Ladenmädchen beim Gemüsehändler" schreiben. Sie veröffentlichte 208 Romane, die eine Auflage von über 30 Millionen Exemplaren erreichten.

Wenn am Abend das Geschirr und die Küchen nach einem harten Arbeitstag wieder blitzten, vergossen die Leser der Courths-Mahler nicht nur Tränen des Glücks. Das Lesepublikum musste bemerken, dass auch im Reinen nicht alles rein war. Die Republik kam nicht zur Ruhe. Am Herd und auf der Straße loderte es. Es roch schon nach Faschismus.

(Timo Groß)

Literatur

Krasny, Elke: Küchengeschichten – Ein literarischer Streifzug. In: Miklautz, Elfie/Herbert Lachmayer/Reinhard Eisendle (Hg.): Die Küche. Zur Geschichte eines architektonischen, sozialen und imaginativen Raums. Wien 1999.

Schicker-Ney, Irene: Die „Erfindung" der Hausfrau und Hausarbeit. In: Andritzky, Michael: Oikos. Von der Feuerstelle zur Mikrowelle. Haushalt und Wohnen im Wandel. Gießen 1992.

Sichelschmidt, Gustav: Hedwig Courths-Mahler. Deutschlands erfolgreichste Autorin. Eine literatursoziologische Studie. Bonn 1985.

Der kleine Platz wird im Volksmund „Pfütze" genannt. Er bekam diese Bezeichnung als die Bewohner der Stadt das Wassser noch aus dem Brunnen vor dem Wassertor holen mussten. Nachdem sie die schwere Last in Eimern und Holzbutten den steilen Weg hinauf getragen hatten, stellten die Träger die Wasserbehälter auf dem Platz ab. Dabei schwappte oftmals etwas Wasser heraus und es bildeten sich kleine Pfützen. Zum Gedenken an das schwere Wassertragen, das meist Frauen, die „Buttenweiber", erledigen mussten, wurde der Brunnen 1998 von Christoph Weihe gestaltet. Die zwei Bronzegänse symbolisieren den ländlichen Charakter der Stadt Nebra.

Schlosshotel Nebra

Das Leben der Hedwig Courths-Mahler

Hedwig Courths-Mahler (1867–1950) wurde als Ernestine Friederike Elisabeth Mahler in Nebra an der Unstrut geboren und wuchs bei Pflegeeltern in Weißenfels auf. Ohne fundierte Schulbildung arbeitete sie zunächst als Dienstmädchen und später als Verkäuferin in Leipzig. Mit 17 Jahren schrieb sie ihre erste Novelle *Wo die Heide blüht*. Im Jahr 1888 heiratete sie den Maler Fritz Courths, später brachte sie zwei Töchter zur Welt. Die Familie siedelte nach Chemnitz um. Dort stieg sie dank ihrer Geschichten und ihres Bekanntenkreises zur Lokalgröße auf. Auch in Berlin wurde sie nach einem erneuten Umzug in kürzester Zeit als Unterhaltungsschriftstellerin berühmt.

Mit ihren inszenierten Konflikten und Intrigen, den Erzählungen über Not und Elend bis hin zur ewigen Liebe mit Glück und Happy End erfüllte sie die Erwartungen eines breiten Publikums. Ihre patriotischen Gefühle zu Beginn des Ersten Weltkriegs beschrieb sie in *Der tolle Hassberg*, doch mit den Nationalsozialisten sympathisierte sie später auf Dauer nicht. Nachdem sie 1935 Berlin verlassen hatte, zog sie nach Bayern und wohnte bis an ihr Lebensende auf einem Gutshof am Tegernsee.

Als eine der auflagenstärksten und erfolgreichsten deutschen Autorinnen schuf sie eindringliche Zeugnisse der deutschen Trivialliteratur und war Begründerin des kleinbürgerlich-proletarischen Frauenromans. Im Stile heutiger Prominenter verfasste sie auch ein Kochbuch, daraus haben wir das Rezept für die Rosenbowle übernommen.

(Katharina Taubert)

Laternengasse 1, das eigentliche Geburtshaus Hedwig Courths-Mahlers. In Nebra wird erzählt, dass sich die Schriftstellerin für ihre Geburtsstätte geschämt hätte, deshalb gab sie in ihrer Biografie immer das Haus in der Breiten Straße als ihr Geburtshaus an.

Punschlied

Liebt Wein, liebt Wein, seyd seines Lobes über
Und über immer voll;
Wir jubeln doch beym Punschgelage lieber;
Da praesidirt Apoll.

Durch Punsch erquickt sich Herz und Sinn und Glieder
So mancher brave Mann,
Und mancher singt durch ihn begeistert Lieder
Der sonst kein Lied ersann.

Sonst sang man mancherley von Nektarbecher
Der Göttern nur gebührt;
Die Zeiten ändern sich, von jedem Zecher
Wird er jetzt postulirt!

Denn Punsch war es, doch wußtens die Poeten
Führwahr noch damals nicht,
Die armen Herrn! man merkt es, denn sie krähten
Manch schläfriges Gedicht.

Wißt ihr, warum der Rechabiten keiner
Trank Most und Malvasier?
Sie zechten lieber Punsch, wie unsereiner
Und waren froh wie wir.

Selbst, Brüderchen, wo Teufelchen sich letzen
Bei Voltaires lustgen Schwank,
Sind Flammen nicht, glaubt mirs, trotz allen Götzen,
Ist Punsch und Rundgesang.

Da geht beim Mahl in wackrer Zecherrunde
Der Punsch herum, wie froh!
Beelzebub kräht selbst aus Flammenmunde
Sein Dulci jubilo.

Stoßt an! es lebe unsre Punschterrine
Und werde nimmer leer,
Und macht ja einer eine finstre Miene
Der trinkt ein Gläschen mehr.

(Novalis 1789)

Hedwig Courths-Mahlers Geburtshaus in der Breiten Straße

Courths-Mahlers Rosenbowle

(nach Hedwig Courths-Mahler)

Blätter von 3–4 voll erblühten Rosen
2 Flaschen Saale-Unstrut-Rot- oder Weißwein trocken
1 Weinglas guter Rum
1 Flasche Rotkäppchen trocken
nach Bedarf Zucker

Die ungespritzten Rosenblätter säubern und ins Bowlegefäß legen. Den Rum und eine Flasche Weiß- oder Rotwein darüber gießen und für mindestens zwölf Stunden kühl und verschlossen stehen lassen, damit sich der Rosengeschmack voll entfalten kann. Danach die zweite Flasche Wein dazugeben und zuletzt den eiskalten Sekt. Der größte Teil der Rosenblätter wird entfernt, nur ein paar besonders schöne lässt man in der Bowle schwimmen, denn das Auge trinkt mit.

linke Seite: Arche Nebra,
Erlebniszentrum der Him-
melsscheibe in Wangen
unweit von Nebra

Der Drachentöter im Tym-
panon über dem Eingang
zur Stadtkirche Nebra

Nebraer Pflaumenmus

Die kochende und backende Courths-Mahler

Figur am Portal der Nebraer Kirche

Ruine der Burg Nebra, 1992. Die Burg wurde in der ersten Hälfte des 13. Jahrhunderts auf einem 148 Meter hohen Sandsteinfelsen erbaut. Im Laufe der Jahrhunderte wurde sie mehrfach belagert, u. a. 1341 von Markgraf Firedrich dem Ernsthaften von Meißen und im Dreißigjährigen Krieg 1636–1648 von den Schwedischen Truppen besetzt.

Auf einem nach Norden vorspringenden Bergsporn erhob sich, nur wenige Meter nördlich der jetzigen Stadt Nebra, die *Altenburg*. Für den schon 876 bezeugten Ort legten Handwerker und Bauern, die sich im Schutz der Burg niedergelassen hatten, den Grundstein der „Villa Neuiri", der als wichtigster Ausgangspunkt der Stadtentstehung erscheint (später auch „Neuere", „Neberi" oder „Nebure" geschrieben).

Doch die Bewohner von „Neberi" wählten wohl noch im 13. Jahrhundert einen neuen und günstigeren Platz für ihre Stadt. Die Lage hoch über der Unstrut schützte die Einwohner vor der Wildheit des Flusses. Die urkundlich nicht mitgeteilten Hauptgründe für die Verlegung werden wirtschaftlicher und militärischer Natur gewesen sein. Die Stadtrechte erhielt Nebra 1254 oder sogar einige Jahre zuvor.

Ab Mitte des 14. Jahrhunderts wurde das Aufblühen des städtischen Gemeinwesens wiederholt unterbrochen. 1341 belagerten Soldaten des Markgrafen Friedrich des Ernsthaften Stadt und Burg. Nebra wurde trotz Widerspruch des Erzbischofs Otto und der Stadt Magdeburg in Brand geschossen. Nach dem Wiederaufbau brachte der Sächsische Bruderkrieg (1446–1451) hundert Jahre später abermals schwere Verwüstungen. Neue Zerstörungen folgten im sogenannten Schwarzburger Hauskrieg (1458). Dann kam der Dreißigjährige Krieg ins Unstruttal. Im April 1641 wurde die Stadt belagert, geplündert und zum Teil niedergebrannt. Letzte Drangsale und Plünderungen suchten die Stadt im Siebenjährigen Krieg und in den Napoleonischen Kriegen heim. Die schwer zerstörte Stadt wurde immer wieder aufgebaut und erfreute sich wirtschaftlicher Stabilität und Blüte.

Neben ihren Liebesromanen schrieb die Nebraerin Hedwig Courths-Mahler auch eine Anzahl von Rezepten nieder, unter anderem eins für Pflaumenmus. In ihrer Familie wurde sehr gerne und mit vollem Genuss Pflaumenmus gegessen, berichtet die Schriftstellerin. Ihre Mutter schnitt dafür eine dicke Scheibe eines großen runden Brotes (Schusterstulle) ab und bestrich sie dick mit Pflaumenmus, das sie in einem selbstgemachten Mustopf aufbewahrte.

Später dann bereitete Hedwig Courths-Mahler selbst Pflaumenmus aus Zucker und Pflaumen zu, dem sie eine Gewürzmischung aus Nelken und Ingwerpulver hinzufügte. Alles wurde mit einem Holzlöffel vermischt und so lange gerührt, bis die Pflaumen bei schwacher Hitze nach ca. drei Stunden zu

einem Mus eingekocht waren. Das Mus füllte sie in Steinguttöpfe und stellte die gefüllten Töpfe anschließend so lange auf den noch warmen Ofen, bis das Pflaumenmus an der Oberfläche fest geworden war.

Wenn Pflaumenmus traditionell in Steinguttöpfen aufbewahrt wird, muss es vor Schimmelbefall geschützt werden. Erreicht werden kann das, indem man ein in Rum getränktes Zellglas (Cellophan) auf die Oberfläche setzt. Beim heutigen Einkochen in überwiegend fest verschlossenen Gläsern ist solch eine Prozedur nicht mehr notwendig.

(Jaqueline Buchta)

Frauenschuh, eine im Unstruttal heimische Orchideenart

Ruine der Burg Nebra, 2008

Pflaumenmus

5000 g Pflaumen von der Unstrut
100 g Gelierzucker
10 g Nelken
1/2 Teelöffel Ingwerpulver

Pflaumen waschen, entsteinen und zerkleinern, mit dem Gelierzucker und den Gewürzen verrühren. Dann alles in eine gut gesäuberte Bratpfanne des Backofens füllen und im vorgeheizten Ofen bei 175 °C/Gas Stufe 1–2 etwa 60–90 Minuten festwerden lassen. Die heiße Fruchtmasse in vorbereitete Gläser füllen und sofort verschließen.

Pflaumenmustaschen von der Unstrut

600 g mehlig kochende Kartoffeln
125 g Mehl
30 g Grieß
1 Ei
1 Prise Salz
1 Eiweiß
100 g Pflaumenmus
50 g Butter
3 Esslöffel Semmelbrösel
2 Esslöffel Puderzucker

Ungeschälte Kartoffeln etwa 20 Minuten garen lassen. Danach schälen und noch heiß durch die Presse drücken. Kartoffeln mit Mehl, Grieß, dem Ei und einer Prise Salz zu einem glatten Teig verarbeiten und danach etwa zehn Minuten ruhen lassen. In einem großen Topf reichlich Salzwasser zum Kochen bringen. Den Teig etwa drei Millimeter dick ausrollen und mit einer runden Ausstechform Kreise von etwa neun Zentimeter Durchmesser ausstechen. Das Eiweiß verquirlen und die Teigränder damit bestreichen. In die Mitte eines jeden Kreises einen Teelöffel Pflaumenmus geben. Die Teigstücke zu halbmondförmigen Täschchen schließen und die Ränder sorgfältig zusammendrücken. Die Pflaumenmustaschen in das kochende Salzwasser geben und etwa acht Minuten bei schwacher Hitze ziehen lassen. Inzwischen die Butter erhitzen und die Semmelbrösel darin unter Rühren goldbraun braten. Die Pflaumenmustaschen mit einem Schaumlöffel aus dem Wasser nehmen, abtropfen lassen und in den Butterbröseln wenden. Die Pflaumenmustaschen mit dem Puderzucker bestäuben und sofort servieren.

Hitlers Heil aus brauner Masse
Das deutsche Vollkornbrot

Weißes Brot war für den Herrentisch reserviert. Dunkle Brotsorten aßen die Bauern. Der Weizen erforderte bei geringeren Erträgen einen hohen Arbeitsaufwand. Roggen, Gerste, Hafer, Emmer, Hirse und Dinkel waren robuster und die Risiken der Ernte sehr gering. Die dunkle Farbe eines Brotes galt lange als Synonym für Armut oder einfaches Leben.

Schon 1864 berichtete Gustav Wolbold in der Zeitschrift *Der Naturarzt* über das „deutsche Kraftbrot" und heiligte es als eine „deutsche Erfindung". Der Artikel Wolbolds über den dunklen Laib erschien, nachdem Kurt Hahn vorher schon in derselben Zeitschrift einen Beleg für das gesunde Vollkornbrot anhand der Schrift *Weg zu Gesundheit, langem Leben und Glück* des Engländers Thomas Tyron (1634–1703) gebracht hatte. Dem Dresdner Buchmacher Wolbold, der ab 1871 Schrift-

Die über 170 Jahre alte Turmwindmühle auf dem Sachsenberg bei Eckartsberga brannte mehrmals aus. Immer wieder in Stand gesetzt und später auch als Holzsägemühle genutzt, wurde sie in den 1990er Jahren rekonstruiert. Im betriebsfähigen Museum wird wieder Getreide gemahlen.

leiter des *Naturarztes* werden sollte, blieb beim Lesen des hahnschen Artikels wohl das Brot im Halse stecken. Er fühlte sich in seiner „deutschen Ehre" verletzt, weil ihm jemand mit einer Herkunfts- und Erfindertheorie zum gesunden Backwerk zuvorgekommen war – und das auch noch mit ausländischer Einflussnahme. Auch wenn Wolbold daraufhin vehement zur Feder griff, wurde in Deutschland weiterhin wenig Vollkornbrot gegessen.

Seine Symbolkraft als Nationalheiligtum erlangte das Vollkornbrot durch die Nationalsozialisten. Sie forcierten nach ihrer Machtergreifung den „Kampf ums Brot". Das Wohl eines bodenständigen Volkes – mit, so sagten sie, leider viel zu wenig Boden – sollte nicht mehr von ausländischen Lebensmittelimporten abhängig gemacht werden. Die Machthaber zogen ihre Schlüsse aus den Lehren des Ersten Weltkriegs und wussten, dass eine autarke Ernährung der Bevölkerung eine wichtige Grundlage ihrer Expansionspolitik war.

Windmüller gab es in Mitteldeutschland seit dem 18. Jahrhundert. Der Gruß „Glück Zu" hat seinen Ursprung in der Zeit, als freigesprochene Müllergesellen nach altem Zunftbrauch auf Wanderschaft gingen. Überdies erzählt die Geschichte der Müller von ständiger Wanderschaft. Nur bei sehr günstigen Verhältnissen konnte die Mühle über mehrere Generationen von derselben Familie betrieben werden.

Die Nationalsozialisten intensivierten den Roggenanbau und steigerten die Ausmahlung des Brotgetreides. Während die Agrarpolitiker zunächst an der Maximierung der Produktion bei pflanzlichen Nahrungsmitteln arbeiteten, wurde die Fleischproduktion nicht erhöht. NS-Reichsmarschall Hermann Göring nannte „jeden Bauern, der Brotgetreide an Vieh verfütterte", einen „Landesverräter". Doch die Konsumbedürfnisse der Bevölkerung wurden mit der sich scheinbar bessernden Wirtschaftslage immer anspruchsvoller.

Nach Meinung der nationalsozialistischen Politiker ging es aber nicht darum, die Wünsche der Menschen zu befriedigen, sondern die Ernährungsgewohnheiten an die Produktionsverhältnisse anzupassen. Trotz intensiver Anstrengungen waren die Ergebnisse in allen Bereichen der Landwirtschaft im Vergleich zu den angestrebten Zielen enttäuschend. Den Bauern liefen die Arbeitskräfte weg, weil in der Industrie höhere Gehälter gezahlt wurden. Die Lebensmittelhändler erzielten keinen Gewinn. Konnten ab 1934 mit aufwendig inszenierten „Erzeugerschlachten" die Sympathien der Menschen für das Vollkornbrot langsam gewonnen werden, wurde aber auch zunehmend fetthaltige Kost verlangt. Das zentralistische System schuf eine Produktionsdecke an Nahrungsmitteln, die jedes Mal, wenn es zu Umstellungen kam, irgendwo riss.

Nachdem die „Volksernährung" nach Meinung der gleichnamigen Reichsarbeitsgemeinschaft „mengenmäßig gesichert" war, sollten gesundheitliche Aspekte wieder stärker berücksichtigt werden. Viele Anordnungen zur „Sicherung der Grundnahrungsmittel" machten die Funktionäre wieder rückgängig, auch aufgrund der Rekordernte von 1938. Die Bevölkerung bekam wieder Brot zu kaufen, das keine Beimischungen von Mais oder Kartoffelmehl enthielt, allerdings ohne genau zu wissen,

„Aber die deutsche Küche überhaupt – was hat sie nicht alles auf dem Gewissen!"
(Friedrich Nietzsche: Ecce homo)

Nachdem Eckartsberga 1815 preußisch geworden war, baute man die Windmühlen auf dem Sachsenberg, um das Getreide nicht mehr in der Wassermühle im damals sächsischen Eberstedt mahlen zu müssen.

was an Lebensmittelmanipulationen oder Rationierungen noch auf sie zukommen würde.

Im Sommer 1939 gründete man den Vollkornbrotausschuss. Es wurden Vollkornbrotschulungskurse angeboten, und die Reichsvollkorn-Werbedienst eGmbH überzog das gesamte Land ab Mai 1941 mit Werbekampagnen für das Nahrungsmittel, das dem „deutschen Volkskörper" so guttat. Der 21. März wurde zum Vollkornwerbetag. Neben der kindgerechten Vollkornbrotfibel trugen Rezeptsammlungen den Namen *Gesunde Ernährung durch Vollkornschrot*. Die Post verschickte Vollkornbrot. Nicht zum Verzehr gedacht, reiste es als Abdruck eines Poststempels auf Briefen und Karten durch das Reich.

Während die Landbevölkerung 1940 den Ausführungen des Reichsbauernführers Richard Walter Darré zur „Aufrüstung des Dorfes" vielleicht noch hoffnungsvoll folgte, glaubte mit zunehmendem Kriegsverlauf niemand mehr an die Versprechungen Görings, der die „große Wiedergeburt" der Landwirtschaft nach Kriegsende propagierte. Die NSDAP am Anfang durch viele Wählerstimmen maßgeblich unterstützend, liefen die Bauern später über Schlachtfelder, anstatt ihr eigenes Land zu bestellen.

Am vielfältigen Sortiment hiesiger Backstuben lässt sich heute gut erkennen, dass sich an deutschen (Ess-)Gewohnheiten einiges geändert hat. Sollte Ihnen das Backwerk etwas zu „braun" geraten sein, können sie das Dinkelbrot einfach mit Würschwitzer Milbenkäse und frischer Kresse genießen.

(Timo Groß)

Literatur

Corni, Gustavo/Horst Gies: Brot, Butter, Kanonen. Die Ernährungswirtschaft in Deutschland unter der Diktatur Hitlers. Berlin 1997.

Heyll, Uwe: Wasser, Fasten, Luft und Licht. Die Geschichte der Naturheilkunde in Deutschland. Frankfurt am Main 2006.

Melzer, Jörg: Vollwerternährung. Diäthik, Naturheilkunde, Nationalsozialismus, sozialer Anspruch. Stuttgart 2003.

Montanari, Massimo: Der Hunger und der Überfluß. Kulturgeschichte der Ernährung in Europa. München 1999.

Dinkelgetreide

Der Dinkel ist sehr resistent gegen Krankheiten, verträgt raueres Klima und war schon seit 15 000 Jahren als Kulturpflanze im südwestlichen Teil Asiens bekannt, seit der Bronzezeit auch in der Alpenregion. Heute ist er vor allem in der ökologischen Landwirtschaft sehr verbreitet. Auch als Pferdefutter – das sie schon im alten Ägypten war – erlebt die Dinkelpflanze eine Renaissance.

Das besondere Käsebrot

Würschwitzer Milbenkäse von der Weißen Elster

Auf den ersten Blick erkennt man es als ein mit Käse belegtes Brot. Seinen würzigen Geschmack mit der leichten Bitternote aber wird man allenfalls erahnen können. Wenn Sie aber hineinbeißen, wird Ihnen auffallen, dass Sie die Aromen zwar schmecken, aber nicht genau einordnen können. Was also ist das Geheimnis dieses Käses?

Sicher nicht die Tatsache, dass er entweder aus Ziegen-, Schafs- oder Kuhmilch hergestellt wird. Das Besondere und Einzigartige ist der Reifeprozess, denn spezielle Käsemilben lassen aus getrocknetem Magerquark fertig gereiften Milbenkäse entstehen. Dies geschieht in mit Roggenmehl und Milben gefüllten Holzkisten. Der an der Luft getrocknete Magerquark wird in die mit Mehl befüllten Kisten gegeben, in denen die Milben den Käse fermentieren. Dieser Prozess dauert gewöhnlich zwischen vier und sechs Monaten.

Doch die Milben machen Winterpause, weshalb Milbenkäse nur von Frühling bis Herbst produziert werden kann. Wer dennoch im Winter den besonderen Käse essen möchte, kann ihn sich einfach in die Speisekammer legen, denn er ist extrem lange haltbar. Man sagt, bis zu mehreren Jahren. Auch wird ihm nachgesagt, homöopathisch zu wirken. Die Käsemilbe ist eng verwandt mit der Hausstaubmilbe, weshalb der Verzehr in geringem Maße die Widerstandskraft gegenüber Hausstauballergien fördert. Doch keine Angst, der Käse ist vegetarisch. Die Milben werden abgeklopft, bevor die Ware den Kunden erreicht.

Aber wo bekommt man den Milbenkäse zu kaufen? Seit mehreren Jahrzehnten gibt es ihn nun schon im Altenburger Land. Obwohl er dort neuerdings immer mehr in Vergessenheit geraten ist, gibt es noch ein Dorf, das wegen der traditionellen Milbenkäseherstellung weltweit bekannt geworden ist. Die Rede ist von Würchwitz. Helmut Pöschel, ein ehemaliger Lehrer, hat sich des Milbenkäses angenommen und vertreibt ihn auch direkt vor Ort. Es gibt auch ein kleines Milbenkäse-Museum in Würchwitz sowie ein entsprechendes Denkmal.

(Birger Dammann)

Kresse

Die Gartenkresse stammt wahrscheinlich aus dem Vorderen Orient. Schon in alten Pharaonengräbern fand man Samen der Pflanze. Auch die Griechen und Römer erfreuten sich an der Gartenkresse. Karl der Große ließ sie anbauen. Die Gartenkresse ist eine Einjahrespflanze. Die Keimlinge können schon eine Woche nach der Aussaat geerntet werden. Die Kresse enthält ein natürliches Antibiotikum in hohen Dosen. Im Vorderen Orient wurde ihre Wirkung bei Infektionskrankheiten schon vor mehr als tausend Jahren sehr geschätzt. Wegen ihres hohen Vitamin C-Gehalts wurde die Kresse vor allem im Winter als Ergänzung zu mangelndem Obst und Gemüse verzehrt.

Milbenkäsemuseum
Helmut Pöschel
Sporarer Straße 8
06712 Würchwitz
www.milbenkaese.de

Dinkelbrot

600 g Dinkelmehl
100 g Magerquark
40 g Hefe
2 Esslöffel brauner Zucker
1/2 Teelöffel Salz
2 Eier

Das Dinkelmehl mit dem Magerquark, der Hefe, dem braunen Zucker und dem Salz vermischen und dann soviel Wasser zugeben, dass es einen gut knetbaren Teig ergibt. Diesen ungefähr 30 Minuten in der mit einem Küchentuch abgedeckten Schüssel in einem nicht zu kalten Raum stehen und gehen lassen. Danach nochmals durchkneten und anschließend mit geschlagenem Eiweiß bestreichen. Nun den Teig in der vorgeheizten Backröhre bei 180 °C 40 Minuten lang backen. Danach wird die Temperatur für 20 Minuten auf 150 °C heruntergeregelt. Dann kann es angerichtet und aufgeschnitten werden. Mit etwas Butter bestreichen, den Milbenkäse aufschneiden, auf das Brot legen und mit Bohnenkresse bestreuen.

Millionen Milben machen den Milbenkäse

Veredlungsprogramm zur Erhöhung des Kulturniveaus

Profener Bergarbeiterschnaps in aller Munde

Ob im kalten Winter 1963, als die festgefrorene Kohle von den Waggons geschippt wurde und man sich mit einem Schuss Bergarbeiterschnaps im Tee aufwärmte, oder als die damals zehnjährige Bäckerstochter im kleinen Ort Profen bei Zeitz die Aromaessenzen für 65 Pfennige an die Weiterverarbeiter verkaufte – der Bergarbeiterschnaps weckt Bilder der Erinnerung.

Er erinnert an die Zeit der Braunkohle. Mitte des 20. Jahrhunderts war die Braunkohle im Burgenland folgenreich und streng. In ihrem Namen ließ man Dörfer abbaggern, doch zeigte sie sich gütig mit reichen Vorräten und Erträgen. Wenn sich die Baggerschaufeln in ausreichender Sichtweite in der Höhe nicht mehr von der Kirchturmspitze unterschieden, wurde es für viele Menschen Zeit, ihre Koffer zu packen. Der braune Schatz lockte Arbeitskräfte an und verdrängte andere Leute aus ihrer Heimat. Er veränderte Landschaften und Biografien.

Nachdem die sowjetische Militäradministration (SMAD) im Oktober 1947 zahlreiche Sondervergütungen für Bergleute eingeführt hatte, erhielten die Arbeiter im Kohlebergbau neben zusätzlichen Lebensmittelkarten auch Bezugsscheine für Zigaretten, Schokolade und Trinkbranntwein. Als sich die Versorgungslage in der DDR verbesserte, blieb von allen Vergünstigungen nur noch der Trinkbranntwein übrig. Wenn die Kumpel am Monatsende über Bezugsmarken klaren „Bergmannsfusel" zugewiesen bekamen, wussten deren Frauen etwas damit anzufangen – soweit dies nicht die Männer taten und der Schnaps zum allmählichen „Kumpeltod" wurde.

Für 1,60 Mark bekam man in der DDR nirgends solch einen guten Grundstoff, um Liköre selbst zu kreieren. Die Frauen der Bergmänner veredelten den 32-Prozentigen auf der Grundlage eigener Rezepturen. Selbst die Bergarbeiterhaushalte, die sich gänzlich dem Genuss verwehrten, nutzten den Schnaps wenigstens zum Fensterputzen. Darüber hinaus eignete sich das Deputat bestens zum Tausch gegen andere Dinge, bei denen man in den Geschäften mit der einheimischen Währung nicht so erfolgreich war. Fliesen, Zement oder Niethosen fanden schneller einen neuen Besitzer, wenn der im Gegenzug den Bergarbeiterschnaps anbot. „Schachtschnaps" war ein Bindeglied zwischen dem Bergarbeiter und seinem Nachbarn. Er war sozusagen in aller Munde, obwohl die DDR von offizieller Seite aus als nüchtern galt.

Ende der 1950er Jahre wollte die Regierung der DDR eine „sozialistische Gaststättenkultur" etablieren und dem Alkohol trinkenden und Bockwurst essenden Bürger im Stammlokal eine „niveauvolle gastronomische Versorgung" entgegensetzen. Vielleicht dachten sich die Politiker, dass, wer Hochprozentigen im geordneten Rahmen trinkt, auch die Parolen schluckt.

Walter Ulbricht (1893–1973) forderte auf der Kulturkonferenz im April 1960 von sozialistischen Werktätigen, „sich mit den wertvollsten Schätzen unserer Kunst und Literatur vertraut zu machen". Viele hielten nichts von staatlicher Kulturpolitik oder von biederen Kaffeekränzchen in Milchbars und Klubgaststätten. Letztendlich mussten die mit viel Aufwand betriebenen „Veredelungsprogramme zur Erhöhung des Kulturniveaus" scheitern, wie auch Regina und Manfred Hübner in ihrem Buch meinen.

Die Menschen zogen sich in die eigenen Gärten und Wohnstuben zurück und genossen die selbstveredelten Liköre. Besonders herb wurde der Schnaps für diejenigen, die nach der Umsiedlung aus einem Braunkohlerevier unfreiwillig in einer Plattenbauküche Platz nehmen mussten.

(Anja Eisfelder-Mylius und Timo Groß)

Literatur

Baumgarten, U.: Sie nannten ihn „Kumpeltod". In: Akzente, 2/2006, S. 40 f.

Hübner, Regina/Manfred Hübner: Der deutsche Durst. Illustrierte Kultur- und Sozialgeschichte. Leipzig 1994.

Jahns, Horst/Karin Scherf: Ost-Brötchen und Troddeldatschen. Geschichten mit Gerichten aus dem Osten Deutschlands. Halle 2002.

Stregel, Tobias/Fabian Tweder/Rolf Kurz: Vita Cola & Timm's Saurer – Getränkesaison der DDR. Berlin 1999.

VEB Braunkohlenwerk „Erich Weinert" Deuben (Hg.): Buch unserer Tage. Beiträge zur Betriebsgeschichte des VEB Braunkohlenwerk „Erich Weinert" Deuben 1956–1968. Berlin 1970.

Tagebau Profen

Der Profener Rumtopf
(nach Bergmannsfrauenart)

1 kg Früchte
1/2 kg Zucker
1 l Bergmannsschnaps

Zum Ansetzen des Burgenländer Rumtopfes benötigt man einen hochgeschlossenen Tontopf. Je nach Geschmackswunsch fügt man einem Kilogramm Früchten (Erdbeeren, Johannisbeeren, Stachelbeeren, kleineres Steinobst wie Kirschen oder Mirabellen) ein halbes Kilogramm Zucker zu. Man bedeckt das Gemisch mit dem Bergmannsschnaps (wer keinen mehr im Vorratsschrank hat, ist mit höherprozentigem klarem Alkohol gut bedient). Je höher die Prozente des Alkohols sind, desto haltbarer wird der Rumtopf und desto häufiger kann man ihn nach der gleichen Prozedur mit anderen Früchten verfeinern. Wichtig ist es, den Topf luftdicht zu verschließen. Sobald die Früchte den Alkohol aufgenommen haben, kann man mit dem Verzehr beginnen.

In der Betrunkenheit ist Alles anders,
Als in der Nüchternheit;
Es kreiset und wirbelt und sprudelt und sprudelt,
Die Gedanken springen wie Ziegen und Böcklein,
Der Kopf ist die Wiese,
Da stoßen sie sich mit den Hörnern aneinander,
Und fressen das Gras,
Das der Trunkne sich vorstellt,
Betrachtet mich,
Ich bin ich,
Ohrfeigen kostet
Was ihr dagegen habt!
Doch still, still, still!
Immer stiller!
Und Wein dazu getrunken,
da werdet von selbst ihr laut.
Ja, ja ...

(Ernst Ortlepp)

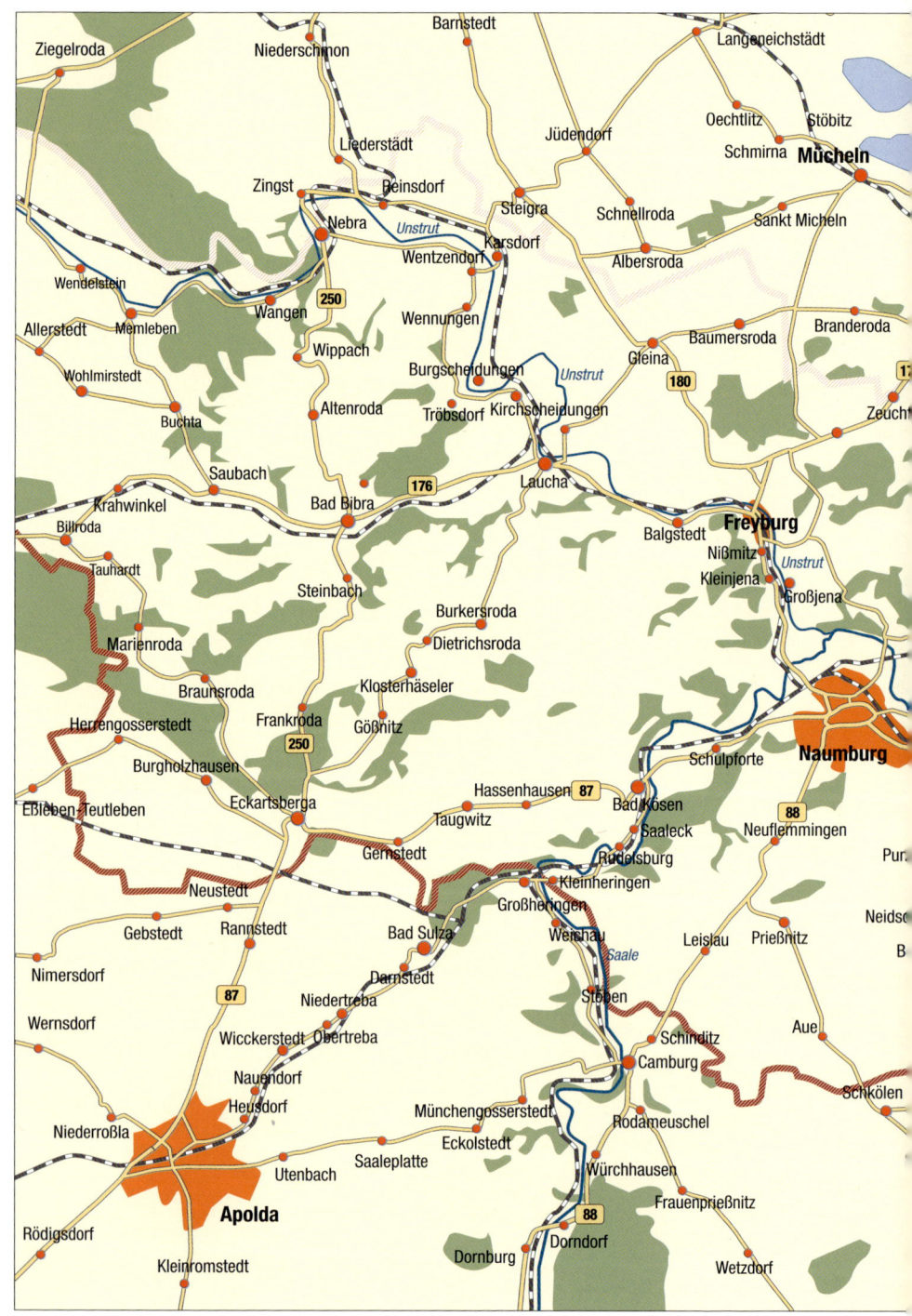

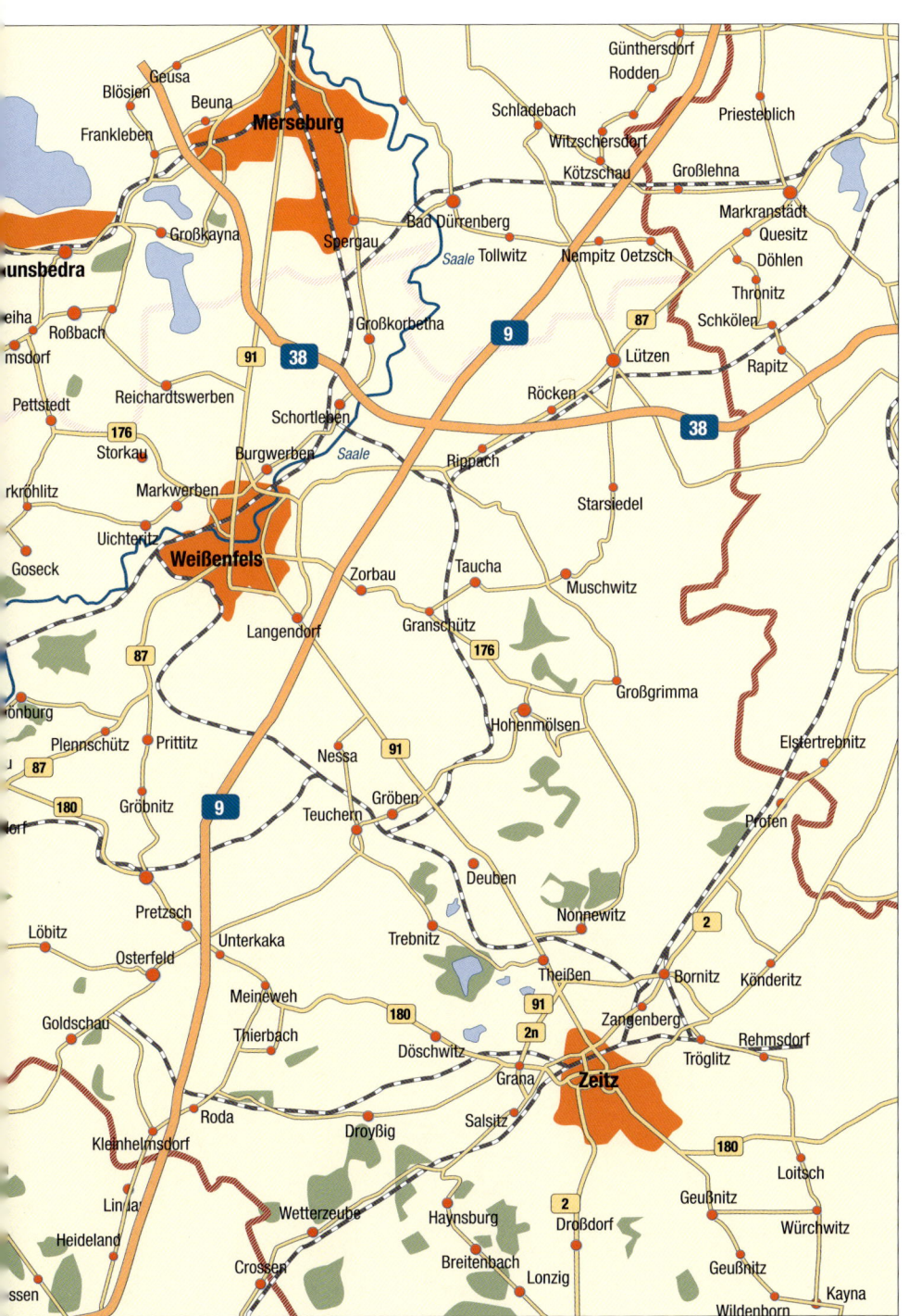

Schiff ahoi!

Doris Tillmann
Das Schifffahrtsmuseum in der Kieler Fischhalle und seine Sammlungen zur maritimen Stadtgeschichte

Kulturreisen · museum-spezial · Band 1 · 2007

160 Seiten
über 250 farbige Abbildungen
Broschur
16,5 x 24 cm
9,80 EUR
ISBN 978-3-89923-500-5
ISSN 1865-0139

Die Geschichte Kiels ist auf das Engste an maritime Zusammenhänge geknüpft. Schiffbau, Fischfang und -verarbeitung, Handel und Seefahrt haben seine fast 800-jährige Historie geprägt. Immer wieder waren seine vielfältigen Verbindungen zum Meer die Ursache für Aufschwünge, aber auch für Krisen im Gemeinwesen. 1283 schon wurde Kiel Mitglied der Hanse. Seit 1665 ist es Universitätsstadt. Nachdem im 18. Jahrhundert Katharina II. von Russland durch ihren Sohn die Machtfragen zwischen Gottorf und Dänemark hatte klären lassen, kam Kiel zeitweise unter dänische Herrschaft.

Kieler Sprotten sind heute ebenso berühmt wie die Kieler Woche. Hier fanden olympische Segelwettbewerbe statt, und von hier hatten sich 1918 revolutionäre Unruhen über ganz Deutschland ausgebreitet. Kiel ist als Schiffbauzentrum der Ort Maßstäbe setzender Erfindungen wie etwa des Unterseebootes durch Wilhelm Bauer. Aber durch den Einsatz dieser Erfindungen für militärische Zwecke war die Stadt immer wieder auch das Ziel von Angriffen. Im Zweiten Weltkrieg etwa musste Kiel insgesamt 90 Luftangriffe über sich ergehen lassen. Heute ist Kiel eine moderne Großstadt mit 230 000 Einwohnern und politisches, wirtschaftliches und kulturelles Zentrum des Bundeslandes. Als Mekka des Segelsports genießt es ebenso internationales Renommee wie als Stätte maritimer Wirtschaft und Wissenschaft. Wasser war, ist und bleibt das Kieler Element.

Darum ist das 1978 eingerichtete sehenswerte Schifffahrtsmuseum in der Kieler Fischhalle ein Ort, in dem Stadtgeschichte und maritime Geschichte auf das Sinnfälligste korrespondieren. Die vielfältigen Exponate sind ebenso in diese Zusammenhänge gebettet wie der Bau an sich. Errichtet im Jahr 1909 als repräsentative Fischhalle, zeugt er noch heute von den hohen Ansprüchen der damals aufgekommenen Lebensmittelhygiene. Aufwendiger Bauschmuck mit regional gebundenen Neobarock- und Jugendstilelementen sowie ein fast sakral anmutendes Gewölbe verleihen dem Gebäude seine Attraktivität und machen es zu einem Anziehungspunkt für zahlreiche Besucher. Arkaden begrenzen die Haupthalle im Innern. In den Nischen dahinter befanden sich einst mehr als 20 Fischgeschäfte des Einzelhandels. Von hier kann der Blick über die Förde und auf den angrenzenden Fischleger schweifen.

In ihrem gut lesbaren und informativen Text beschreibt Doris Tillmann die versammelten Exponate und bringt sie in größere Zusammenhänge. So ist dieses reich und durchgehend farbig mit historischen und aktuellen Abbildungen illustrierte Buch Museums- und Stadtgeschichte in einem. Gemälde, historische Dokumente, Schiffsmodelle, nautisches Gerät, maritime Antiquitäten, Werbeplakate, aber auch drei originale historische Schiffe zählen zum Museumsbestand und werden in Wort und Bild vorgestellt. Von Marinemalerei, der weit verbreiteten Faszination von den „Blauen Jungs", aber auch von der Fördestadt in der Weimarer Republik und den beiden Weltkriegen wird erzählt. So ist dieses attraktive Buch weit mehr als nur eine Einladung in das Schifffahrtsmuseum und nach Kiel. Es vermittelt auf sehr eingängige Weise darüber hinausgehende Einsichten.

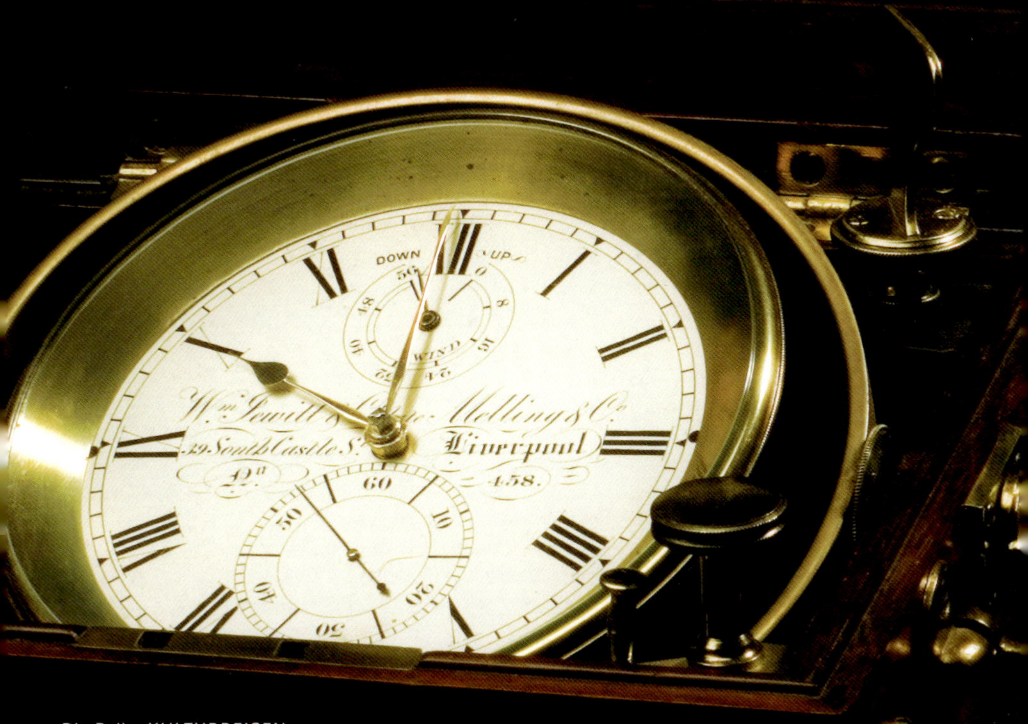

Die Reihe KULTURREISEN
erscheint im
VERLAG JANOS STEKOVICS
Straße des Friedens 10
06198 Dößel
Telefon: (034607) 2 10 88
Fax: (034607) 2 12 03
E-mail: info@kulturreisenverlag.de
www.kulturreisenverlag.de

Feuer
an allen Ecken

Mit den Ereignissen des Dreißigjährigen Krieges sind in Sachsen-Anhalt große Schlachten wie die an der Dessauer Elbbrücke 1626, die bei Lützen 1632, bei Werben 1636 oder die Eroberung Magdeburgs 1631 verbunden. Die großen Heerführer der Zeit zogen durch das Land: Albrecht von Wallenstein und König Gustav II. Adolf, die kaiserlichen Generäle Johann Tserclaes Graf von Tilly und Gottfried Heinrich Graf zu Pappenheim oder der auf Seiten der Protestanten kämpfende General Bernhard von Sachsen-Weimar wie auch die Oberbefehlshaber der schwedischen Truppen Johann Banér und Lennart Torstensson. Das verheerende Kriegsfeuer prägte die Menschen und ihr Leben nachhaltig. Zeitgleich sandte die Region dennoch auch entscheidende Impulse für die Kunst- und Kulturgeschichte Deutschlands und Europas aus. Zu nennen sind u. a. die in Köthen gegründete „Fruchtbringende Gesellschaft" von 1617, die erste Akademie auf deutschem Boden, der Komponist Heinrich Schütz, der den größten Teil seines Lebens in Weißenfels verbrachte, oder auch einer der bedeutendsten Naturforscher des 17. Jahrhunderts, Otto von Guericke, der nicht nur die Eroberung und Zerstörung seiner Heimatstadt Magdeburg 1631 miterlebte, sondern danach politisch auf den Friedenskongressen in Münster und Osnabrück für die Stadt tätig war.

Eduard Steinbrück: Die Plünderung Magdeburgs 1631
(Staatliche Museen zu Berlin, Preußischer Kulturbesitz,
Alte Nationalgalerie – Dauerleihgabe im Kulturhistorischen
Museum Magdeburg)

Der Dreißigjährige Krieg im Spiegel sachsen-anhaltischer Museen

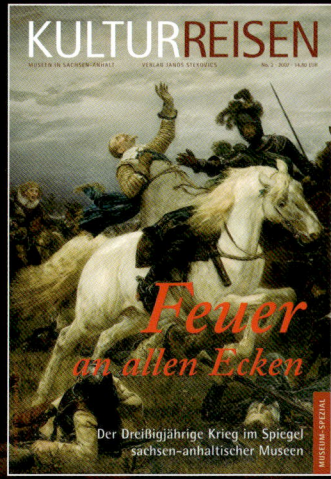

Der vorliegende Band weist auf die wichtigsten Sammlungen hin, die Bestände zum Dreißigjährigen Krieg bewahren, gleich, ob es sich um herausragende Gemälde, Grafiken zu einzelnen Themen des Krieges, Münzen, Waffen oder Gegenstände des alltäglichen Bedarfs handelt. Zudem erzählen auch Zeitzeugen ihre Geschichte, berichten von Sorgen und Wünschen oder schildern einfach nur einzelne Kriegsereignisse aus ihrer Sicht – egal ob Söldner oder Heerführer, Stadtbürger oder Landbewohner.
Im Zusammenspiel der Ereignisberichte, der Originalstimmen und der Museumspräsentationen entsteht so ein spannendes und vielfarbiges Kaleidoskop dieses besonderen Teils sachsen-anhaltischer Geschichte, das dazu einlädt, in einer weiteren Kulturreise die Spuren des „Feuers an allen Ecken" zu entdecken.

Gaby Kuper
Feuer an allen Ecken

Der Dreißigjährige Krieg im Spiegel sachsen-anhaltischer Museen

Kulturreisen · museum-spezial ·
Band 2 · 2007

208 Seiten
über 250 farbige Abbildungen
Broschur
16,5 x 24 cm
14,80 EUR
ISBN 978-3-89923-501-2
ISSN 1865-0139

Die Reihe KULTURREISEN
erscheint im
VERLAG JANOS STEKOVICS
Straße des Friedens 10
06198 Dößel
Telefon: (034607) 2 10 88
Fax: (034607) 2 12 03
E-mail: info@kulturreisenverlag.de
www.kulturreisenverlag.de

1000 Jahre Kultur – 1000-jährige Bauwerke

Nahezu in allen Teilen Sachsen-Anhalts finden sich heute noch Zeugnisse des ersten umfassenden Kunststils des Mittelalters. Die Straße der Romanik führt durch vielgestaltige Landschaften und berührt Kirchen, Klöster und Burgen, die auf stille oder imposante Weise von einer faszinierenden Zeit künden.

Das vollfarbige Buch – erster Band der Reihe „Kulturreisen in Sachsen-Anhalt" – lädt zu einer Entdeckungsreise in eines der geschichtsträchtigsten Gebiete Deutschlands ein. Neben der Vorstellung der Kunstdenkmäler liefert der handliche Band vor allem auch viele nützliche Informationen – von den Anschriften der einzelnen Stationen bis zu deren Öffnungszeiten – und ist somit ein unverzichtbarer Reisebegleiter für Touristen und Heimatinteressierte gleichermaßen.

Mit insgesamt über 270 Fotos und einer Landkarte über den Verlauf der Route hält der Leser mit diesem Buch den ersten Kulturführer zur Straße der Romanik in der Hand, in dem alle Bauwerke ausnahmslos farbig abgebildet sind.

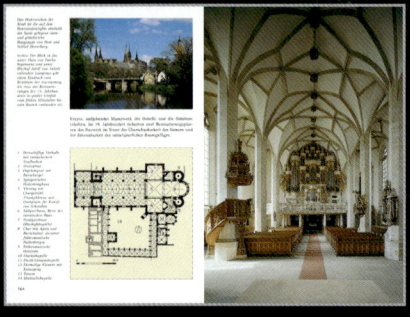

Gernrode, Heiliges Grab in der Stiftskirche St. Cyriakus

Führer zur Architektur, Kunst und Geschichte an der Tourismusstraße in Sachsen-Anhalt

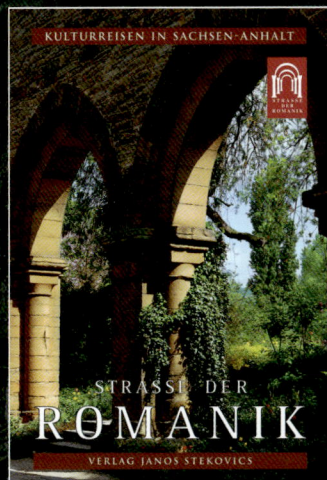

Rose-Marie Knape
Straße der Romanik

Kulturreisen in
Sachsen-Anhalt
Band 1

Herausgegeben von
Christian Antz

Fotografien: Janos Stekovics

4., aktualisierte, erweiterte
Auflage
192 Seiten
279 farbige Abbildungen und
eine Karte,
Serviceteil zu jeder Station
Broschur
14 x 21 cm
9,80 EUR
ISBN 978-3-929330-89-2

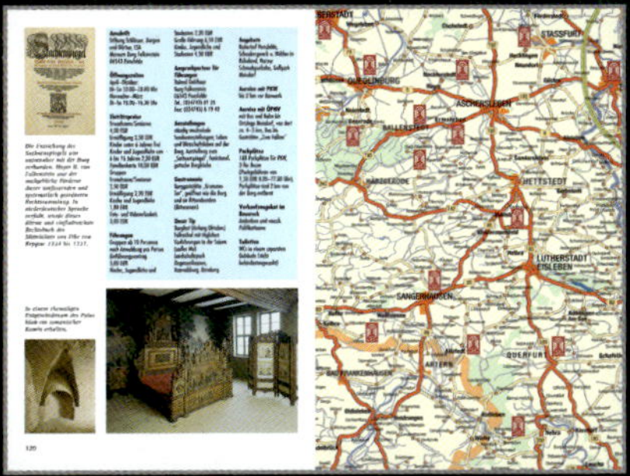

Die Reihe KULTURREISEN in
Sachsen-Anhalt erscheint im
VERLAG JANOS STEKOVICS
Straße des Friedens 10
06198 Dößel
Telefon: (034607) 2 10 88
Fax: (034607) 2 12 03
E-mail: info@kulturreisenverlag.de
www.kulturreisenverlag.de

Reich

Auf dem Gebiet des heutigen Sachsen-Anhalts lag vor 1000 Jahren das politische Zentrum Deutschlands. Auf diesen Raum stützten die Liudolfinger, aus deren Familie Kaiser Otto der Große hervorging, ihre Herrschaft. Von ihrem Besitz im Harz aus errangen sie in Aachen die deutsche Königs- und in Rom die römische Kaiserkrone. Von hier aus führten sie Kriege gegen Slawen oder Ungarn. Hier gründeten sie Klöster und Bistümer, setzten geistliche und weltliche Würdenträger ein und ab. Von hier aus gingen Reisen nach Gnesen (Polen) oder Apulien (Italien). Hier spannen sie ihre Heiratsfäden nach Wessex (England) oder Konstantinopel (Türkei). Hier empfingen sie Gesandtschaften aus Cordoba (Spanien) oder Kiew (Russland). Und hierher versuchten sie zurückzukehren, um ihre letzte Ruhe zu finden. Otto der Große, Magdeburg und Europa müssen als Einheit begriffen werden. Hier wurde europäische Geschichte geschrieben. Dahin, auf den Spuren Ottos des Großen, führt das Buch.

Memleben, Pfalz Ottos I., Krypta

Dom St. Stephanus und Sixtus in
Halberstadt

Auf den Spuren Ottos des Großen

Sebastian Kreiker
Christian Antz
**Heiliges Römisches Reich
Auf den Spuren Ottos des Großen**

Herausgegeben von
Christian Antz
Fotografien: Janos Stekovics

4. Auflage
112 Seiten
164 farbige Abbildungen
Grundrisse und Karte,
Serviceteil zu jeder Station
Broschur
14 x 21 cm
9,80 EUR
ISBN 978-3-929330-36-6

Die Reihe KULTURREISEN in
Sachsen-Anhalt erscheint im
VERLAG JANOS STEKOVICS
Straße des Friedens 10
06198 Dößel
Telefon: (034607) 2 10 88
Fax: (034607) 2 12 03
E-mail: info@kulturreisenverlag.de
www.kulturreisenverlag.de

Land der Musik

Musikkenner verbinden mit Sachsen-Anhalt international bekannte Namen von Komponisten und Musikern wie Heinrich Schütz und Michael Praetorius, Samuel Scheidt, Johann Sebastian Bach und Georg Friedrich Händel, Georg Philipp Telemann und Johann Friedrich Fasch, Johann Philipp Krieger und Kurt Weill. Hier wurde Musikgeschichte von Weltgeltung geschrieben.

Die schon im 10. Jahrhundert gegründete Domschule in Magdeburg war der Ausgangspunkt der musikalischen Entwicklung der Stadt und des Landes. Der Chor des Klosters Neuwerk bei Halle ist der ideelle Vorgänger des Stadtsingechores zu Halle, der heute als der älteste weltliche Knabenchor Deutschlands gilt. Die Reformation als geistige und gesellschaftliche Erneuerungsbewegung beförderte auch die Musik. Als früheste Sammlung von eigenen Liedern Martin Luthers gilt das Wittenbergische Chorgesangbuch von 1524; es ist das erste Chorgesangbuch der evangelischen Kirche überhaupt. Die großen Komponisten in der Zeit des Dreißigjährigen Krieges, Samuel Scheidt, Johann Hermann Schein und Heinrich Schütz, lebten hier oder wurden hier geboren. Auch das Wirken der großen Komponisten des 18. Jahrhunderts ist eng mit dieser Gegend verbunden. Georg Friedrich Händel wurde 1685 in Halle, Georg Philipp Telemann 1681 in Magdeburg geboren, der gleichaltrige Johann Sebastian Bach kam 1717 als Kapellmeister nach Köthen. Dort entstanden die Brandenburgischen Konzerte und der erste Band des Wohltemperierten Klaviers.

Das hohe Niveau wurde auch im 19. und 20. Jahrhundert beibehalten. In der Folge des in Magdeburg tätigen Richard Wagner entstand die landesweite Tradition der Aufführungen seiner Bühnenwerke. Kurt Weill, 1900 in Dessau geboren, entwickelte mit Bertolt Brecht den Stil des epischen Theaters mit sozialkritischer Tendenz. Er machte die Dreigroschenoper musikalisch zum Welterfolg.

Seien Sie mit diesem Reiseführer herzlich eingeladen, das Musikland Sachsen-Anhalt in Mitteldeutschland zu entdecken.

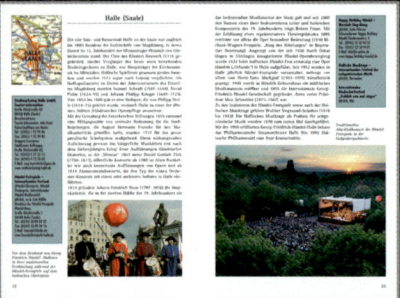
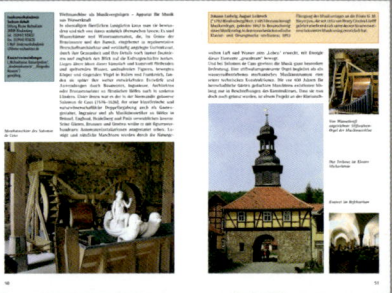

Kloster Michaelstein, Musikmaschine des Salomon de Caus

Eine Zeitreise mit Komponisten und Musikern

Christoph Neef
Musikland Sachsen-Anhalt
Eine Reise mit Komponisten und Musikern durch Mitteldeutschland

Kulturreisen in Sachsen-Anhalt
Band 4

Herausgegeben von
Christian Antz

144 Seiten
157 farbige Abbildungen und Karten
Serviceteil zu jeder Station
Broschur
14 x 21 cm
12,80 EUR
ISBN 978-3-89923-002-4

Die Reihe KULTURREISEN in Sachsen-Anhalt erscheint im
VERLAG JANOS STEKOVICS
Straße des Friedens 10
06198 Dößel
Telefon: (034607) 2 10 88
Fax: (034607) 2 12 03
E-mail: info@kulturreisenverlag.de
www.kulturreisenverlag.de

Traumgärten

Sachsen-Anhalt ist eines der denkmalreichsten Bundesländer Deutschlands. Dabei ragen die historischen Garten- und Parkanlagen mit ihren dazugehörigen Schlössern, Klöstern und Städten quantitativ und qualitativ heraus. Neben den bekannten Gärten, insbesondere den Anlagen des Dessau-Wörlitzer Gartenreichs im UNESCO-Weltkulturerbe, den Kuranlagen mit dem Goethe-Theater in Bad Lauchstädt oder den Schlossgärten in Ballenstedt, bilden auch die vielen noch weniger bekannten Parkensembles ein herausragendes kulturelles Erbe und bieten abwechslungsreiche, interessante Besuchserlebnisse. Bedeutende Gartenkünstler und Architekten wie Johann Chryselius, David Schatz und Hermann Korb, die Gärtnerdynastie Schoch, Friedrich Wilhelm von Erdmannsdorff und Peter Joseph Lenné, Eduard Petzold, Hermann Muthesius und Paul Schultze-Naumburg haben in Sachsen-Anhalt ihre Spuren hinterlassen.

Aus über tausend solcher Anlagen wurden 40 Gärten und Parks vom 17. bis 21. Jahrhundert, vom Barock bis zur Land Art zu einem deutschlandweit einmaligen touristischen Netz zusammengeflochten: den Gartenträumen. Von der Altmark bis zur Weinregion Saale-Unstrut, vom Harz bis nach Anhalt, von Klostergärten bis zu Schlossparks, von Wallanlagen bis zur Landschaftskunst, von mauerumgrenzten intimen Gartenräumen bis zu den in weite Auenlandschaften einmündenden Naturräumen an Mulde, Elbe und Unstrut werden Auge und Gefühl eingefangen mit Schönheit und Vielfalt, Natur und Kultur.

Lassen Sie sich verzaubern durch das, was Menschenhand in der Geschichte und für die Zukunft, aber immer mit dem Impetus des Schönen und Wahren imstande ist zu schaffen. Sachsen-Anhalt hat mit den Gartenträumen ein landesweites touristisches Projekt initiiert, wo geforscht und gestaltet, saniert und gefördert, aber auch von Anfang an gefeiert und sich erholt wird. Kommen Sie mit diesem Buch auf eine neuartige grüne Reise voller Gärten und Träume.

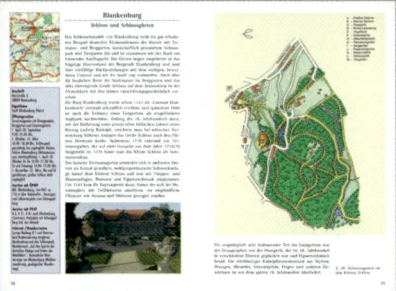

Oranienbaum, Park

Historische Parks in Sachsen-Anhalt

Anke Werner
Gartenträume
Historische Parks in Sachsen-Anhalt

Kulturreisen in Sachsen-Anhalt, Band 3

Herausgegeben von
Christian Antz
Fotografien: Janos Stekovics

2., aktualisierte Auflage
208 Seiten
404 farbige Abbildungen,
Grundrisse und Karten
Serviceteil zu jeder Station
Broschur
14 x 21 cm
12,80 EUR
ISBN 978-3-89923-001-7

Die Reihe KULTURREISEN in
Sachsen-Anhalt erscheint im
VERLAG JANOS STEKOVICS
Straße des Friedens 10
06198 Dößel
Telefon: (034607) 2 10 88
Fax: (034607) 2 12 03
E-mail: info@kulturreisenverlag.de
www.kulturreisenverlag.de

Reich der Gärten

Von der „Zierde und dem Inbegriff des XVIII. Jahrhunderts" hat Christoph Martin Wieland gesprochen, als er von Dessau-Wörlitz redete. Auch Goethe hat die Gegend gelobt. Er sah im „wohladministrierten und zugleich äußerlich geschmückten Lande" Ideen der Epoche mit ihren erzieherischen Absichten verwirklicht. Dabei umfasst der Begriff des Dessau-Wörlitzer Kulturkreises weit mehr als nur den berühmten Park und die in ihm Gestalt gewordene Italiensehnsucht der deutschen Frühklassik. Immer wieder wird ein kleiner „Musterstaat" beschrieben, in dem eine bürgerliche Bildungsreform ihren Ort fand, in die auch ein neues Verständnis von Leibesübungen integriert war. Hier wurden ein neuer Klassizismus palladianisch-englischer Provenienz geschaffen, die Neugotik und ein neuer Gartenstil. Das Dessauer Erbe ist von übernationalem Rang. Es wurde aufgenommen ins UNESCO-Weltkulturerbe.

Erhard Hirsch ist in vielen Veröffentlichungen, die ein Lebenswerk umfassen, als der profunde Kenner von Dessau-Wörlitz ausgewiesen.

Er ordnet es in diesem Buch, das seit 1985 als Standardwerk zum Gegenstand gilt, in das geistige Umfeld jener Zeit. Er zeigt die humanistischen Leitlinien seiner Entstehung auf und porträtiert die Männer, die Fürst Leopold III. Friedrich Franz, der „Vater Franz", um sich versammelte, um dieses „Mekka" des Fortschritts entstehen zu lassen: Friedrich Wilhelm von Erdmannsdorff und den Kreis der Dessauer Reformer. Pädagogische Reform, Revolution der Landwirtschaft, eine über den Standard ihrer Zeit weisende Ökonomie, einzigartige Kunstförderung und die Philosophie der Aufklärung haben im Gartenreich und seinen Bauten sinnfälligen Ausdruck gefunden. „Was für ein anziehender Ort ist dieses Dessau. Niemals haben sich Philosophie und Künste auf einem kleinern Raum vereinigt", schrieb der Zeitgenosse Wilhelm Ludwig Wekhrlin.

Wörlitzer Anlagen

Aufklärung und Frühklassik im Dessau-Wörlitzer Gartenreich

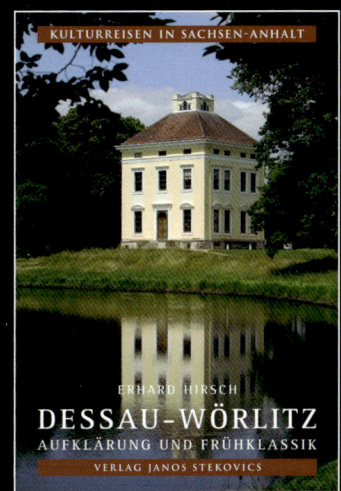

Erhard Hirsch
Dessau-Wörlitz
Aufklärung und Frühklassik

Kulturreisen in
Sachsen-Anhalt
Band 5

Herausgegeben von
Christian Antz
Fotografien: Janos Stekovics

320 Seiten
368 meist farbige Abbildungen
Broschur
14 x 21 cm
16,80 EUR
ISBN 978-3-89923-127-4

Die Reihe KULTURREISEN in
Sachsen-Anhalt erscheint im
VERLAG JANOS STEKOVICS
Straße des Friedens 10
06198 Dößel
Telefon: (034607) 2 10 88
Fax: (034607) 2 12 03
E-mail: info@kulturreisenverlag.de
www.kulturreisenverlag.de

KULTURREISEN
VERLAG JANOS STEKOVICS

Starker Verbund: die Hanse

Sachsen-Anhalt ist ein Kernland deutscher Geschichte. Von den Ottonen, die hier im Frühmittelalter die Grundlagen eines neuen Staatswesens gelegt haben, bis zum Bauhaus, das den Begriff der Moderne weltweit nachhaltig prägte, reicht der kulturelle Spannungsbogen des Bundeslandes.
Noch weitgehend unbekannt ist die Geschichte der Hansestädte in Sachsen-Anhalt. Im Mittelalter schlossen sich im nördlichen Europa Kaufleute, später dann ganze Städte, zu einem Handelsverbund zusammen. Unterschiedliche Sprachen spielten dabei kaum eine Rolle, allein grenzüberschreitendes Wirtschaften und später politische Kooperation bildeten den Fokus der Akteure. Man handelte im wahrsten Sinne des Wortes.
16 Städte aus Sachsen-Anhalt waren verschieden stark in das Wachsen und Wirken der Hanse eingebunden. In allen haben sich aus der Blütezeit der Hanse, dem 12. bis 17. Jahrhundert, beeindruckende Kultur- und Architekturzeugnisse erhalten. Ob mittelalterliche und frühneuzeitliche Stadträume und Plätze, mächtige Mauern und Tore, außergewöhnliche Kirchen, städtisches Selbstbewusstsein ausstrahlende Rathäuser oder Rolandstandbilder – sie alle laden ein, Sachsen-Anhalt als Reiseziel im Glanz der Hanse zu entdecken und ein wichtiges Kapitel deutscher und europäischer Geschichte hautnah zu erleben.

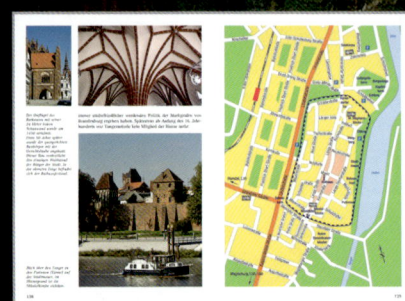

Halberstadt, St.-Martini-Kirche, Detail vom Taufbecken

16 Städtebilder aus Sachsen-Anhalt

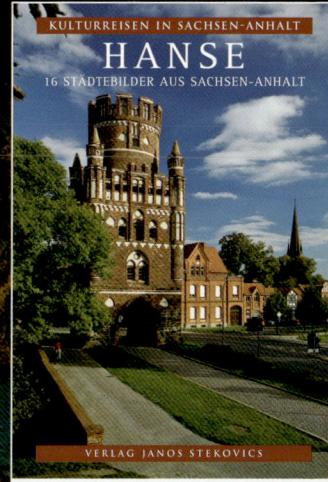

Matthias Puhle
Hanse
16 Städtebilder aus Sachsen-Anhalt

Kulturreisen in Sachsen-Anhalt
Band 6

Herausgegeben von
Christian Antz
Fotografien: Janos Stekovics

176 Seiten
253 farbige Abbildungen,
16 Stadtpläne, Übersichtskarte,
Serviceteil zu jeder Station
Broschur
14 x 21 cm
12,80 EUR
ISBN 978-3-89923-177-9

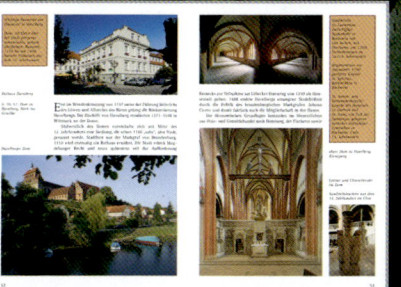

Die Reihe KULTURREISEN in
Sachsen-Anhalt erscheint im
VERLAG JANOS STEKOVICS
Straße des Friedens 10
06198 Dößel
Telefon: (034607) 2 10 88
Fax: (034607) 2 12 03
E-mail: info@kulturreisenverlag.de
www.kulturreisenverlag.de

Matthias Georg Beyersdorfer
Blaues Band
Reiseführer für den Wassertourismus in und um Sachsen-Anhalt – Band I

Naturreisen in Sachsen-Anhalt I
Band 1 - Teil I

Elbe und Elbe-Seitenkanal
Mittellandkanal und Elbe-Havel-Kanal
Untere-Havel-Wasserstraße
Arendsee

Herausgegeben von Christian Antz

256 Seiten
307 farbige Abbildungen
71 Detailkarten (Streckenverlauf, Kilometerangaben, Standortinformationen für jeden Flussabschnitt)
Anhang mit umfangreichem Serviceteil und allgemeinen Hinweisen für Wassertouristen
Broschur
14 x 21 cm
16,80 EUR
ISBN 978-3-89923-114-4

Sachsen-Anhalt ist reich an Wasserwegen und Seen. Am Verlauf von Elbe und Saale finden sich Refugien, die zu den letzten großen naturnahen Flusslandschaften Europas gehören. Die Geschichte der Region, einst politisches und kulturelles Zentrum Europas, spiegelt sich in unzähligen Architektur- und Kunstschätzen.
Das „Blaue Band" verknüpft die zahlreichen Kulturstätten, historische und touristisch interessante Orte an den Ufern der Flüsse und Kanäle des Bundeslandes mit den einzigartigen Landschaften, die zu Wasser erschlossen werden können.
Der Reiseführer bietet erstmals für den Wassertourismus in und um Sachsen-Anhalt alle Detailkarten, die den Verlauf der einzelnen Strecken aufzeigen.
Neben Informationen zu Städten, Dörfern und Sehenswürdigkeiten finden sich viele nützliche Hinweise, u. a. zu Anlege- und Rastplätzen, Schleusenöffnungszeiten, Bunkerplätzen für Treibstoff, gastronomischer Versorgung und Ausflugszielen in der näheren Umgebung. Er ist somit ein praktischer und unverzichtbarer Begleiter für jeden, der sich entlang des „Blauen Bandes" auf Entdeckungstour begibt.

Matthias Georg Beyersdorfer
Blaues Band
Reiseführer für den Wassertourismus in und um Sachsen-Anhalt – Band II

Naturreisen in Sachsen-Anhalt
Band 1 – Teil II

Elbe und Moldau
Saale und Unstrut
Seen im Süden Sachsen-Anhalts

Herausgegeben von Christian Antz

320 Seiten
335 farbige Abbildungen
98 Detailkarten (Streckenverlauf, Kilometerangaben, Standortinformationen für jeden Flussabschnitt)
Anhang mit umfangreichem Serviceteil und allgemeinen Hinweisen für Wassertouristen
Broschur
14 x 21 cm
16,80 EUR
ISBN 978-3-89923-115-1

Diese Publikation ist die Fortsetzung des erfolgreichen Bandes I zum „Blauen Band", der mit Streckenbeschreibungen und hilfreichen Tipps zu Törns auf Elbe, Elbe-Seitenkanal, Mittellandkanal, Elbe-Havel-Kanal, Untere-Havel-Wasserstraße und Arendsee aufwartete.
Band II liefert nun die komplette Wasserstreckenbeschreibung von Sachsen-Anhalt bis Prag, berichtet vom zauberhaften Charme ehrwürdiger Städte wie Dresden, Torgau und Meißen und lädt zur Entdeckung beeindruckender Landschaften ein. Beschreibungen der Seen im Süden Sachsen-Anhalts und der wichtigsten Tauchspots runden den praktischen Begleiter für Wassersportausflüge ab. Wieder erhält der Leser viele Einsichten in die politische und kulturelle Geschichte der Landschaften, durch die sich die Wasserwege ziehen. Und auch in diesem Band findet sich wieder ein umfangreiches Serviceverzeichnis mit wichtigen Adressen, Hinweisen, Regelungen, die die Reise- und Streckenplanung wesentlich erleichtern.

Ursula Rittig
Museum Schloss Moritzburg und Dom
St. Peter und Paul in Zeitz

32 Seiten
53 farbige Abbildungen
Broschur
12 x 17 cm
2,40 EUR
ISBN 978-3-89923-007-9

Reinhard Schmitt
Die beiden Klöster in Memleben

2. Auflage
64 Seiten
95 farbige Abbildungen
Broschur
12 x 17 cm
3,50 EUR
ISBN 978-3-89923-120-5

Susanne Kröner
Naumburg
Der Domstadtführer

STEKO-Stadtführer – No. 5

64 Seiten
151 farbige Abbildungen
Stadtplan
Broschur
12 x 17 cm
3,50 EUR
ISBN 978-3-89923-084-0

Naumburg gilt als eine der schönsten Städte Mitteldeutschlands. Der vorliegende Führer lädt ein, die Stadt am Zusammenfluss von Unstrut und Saale mit ihren malerischen Straßenzügen, jahrhundertealten Sehenswürdigkeiten und historischen Anlagen zu erkunden.
Der faktenreiche Text von Susanne Kröner und 151 Farbfotografien ergeben ein reizvolles Panorama der einstigen Residenzstadt.
Der weltbekannte Dom, eines der bedeutendsten Kulturdenkmale des Mittelalters, nimmt einen herausragenden Platz ein. Geschichte und architektonische Details des imposanten Ensembles werden ausführlich beschrieben. Hinweise auf besonders sehenswerte und historisch bedeutsame Bauten und Anlagen gibt es in Fülle.
Empfehlungen für Ausflüge in die schöne Umgebung Naumburgs sowie ein Stadtplan komplettieren die anregenden Tipps.

Eberhard Kaufmann
Im Weinland an Saale und Unstrut

64 Seiten
139 farbige Abbildungen
Broschur
12 x 17 cm
3,50 EUR
ISBN 978-3-89923-086-4

Viele Dichter und Maler haben sich in diese Landschaft verliebt: Thomas Mann, Max Klinger, Friedrich Ludwig Jahn, Novalis, Hedwig Courths-Mahler, Christian Fürchtegott Gellert, Friedrich Nietzsche … Seit 1993 ist das nördlichste Qualitätsweinanbaugebiet durch die Weinstraße Saale-Unstrut für Touristen erschlossen. Hier wurde die legendäre Himmelsscheibe von Nebra gefunden, hier künden „stolz und kühn" die Burgen Saaleck und Rudelsburg, hier kann man in der Therme in Bad Sulza den Liquid Sound hören, hier war im 10. Jahrhundert Memleben wohl eine der wichtigsten Pfalzen.
In den Städten Naumburg, Freyburg, Bad Kösen, Weißenfels und Zeitz ist deutsche Kulturgeschichte geschrieben worden.
Neben dem berühmten Naumburger Dom, der Neuenburg und der Sektkellerei in Freyburg, der Kreisgrabenanlage von Goseck oder dem Zeitzer Schloss Moritzburg lädt eine faszinierende Landschaft zu vielfältigen Entdeckungen ein.